法 治 与 家 庭 丛 书

夫妻财产纠纷案例评析

主 编 杨世强

暨南大学出版社
JINAN UNIVERSITY PRESS

中国·广州

图书在版编目（CIP）数据

夫妻财产纠纷案例评析/杨世强主编．—广州：暨南大学出版社，2017.3
（2017.4 重印）
（法治与家庭丛书）
ISBN 978 - 7 - 5668 - 2065 - 5

Ⅰ．①夫…　Ⅱ．①杨…　Ⅲ．①家庭财产—财产权益纠纷—案例—中国
Ⅳ．①D923.905

中国版本图书馆 CIP 数据核字（2017）第 027144 号

夫妻财产纠纷案例评析
FUQI CAICHAN JIUFEN ANLI PINGXI
主　编：杨世强

出 版 人：徐义雄
责任编辑：古碧卡　刘慧玲
责任校对：颜　彦
责任印制：汤慧君　周一丹

出版发行：暨南大学出版社　（510630）
电　　话：总编室（8620）85221601
　　　　　营销部（8620）85225284　85228291　85228292（邮购）
传　　真：（8620）85221583（办公室）　85223774（营销部）
网　　址：http://www.jnupress.com　http://press.jnu.edu.cn
排　　版：广州市科普电脑印务部
印　　刷：深圳市新联美术印刷有限公司
开　　本：787mm×1092mm　1/16
印　　张：13.75
字　　数：205 千
版　　次：2017 年 3 月第 1 版
印　　次：2017 年 4 月第 2 次
定　　价：36.00 元

（暨大版图书如有印装质量问题，请与出版社总编室联系调换）

总　序

拥有幸福的婚姻家庭是每个人获得幸福的重要源泉。然而，在社会发展充满变化的今天，人们在婚姻家庭生活领域却面临着诸多问题和困惑，主要集中表现在家庭暴力、离婚纠纷、夫妻财产、子女抚养、非婚同居等方面，成为影响社会稳定和谐的重要因素。《中华全国妇女联合会章程》规定，妇联组织的基本职能是代表和维护妇女的权益，促进男女平等；向各级国家机关提出有关建议，要求并协助有关部门或单位查处侵害妇女儿童权益的行为，为受侵害的妇女儿童提供帮助。近年来，广东省妇联系统受理了大量婚姻家庭纠纷方面的维权案件，并通过各种方式有效调处和维护了当事人的合法权益。我们认为，通过现实生活中发生的真实案件来了解和掌握当下婚姻家庭生活的问题所在、行为指引和基本规范，将是十分有益，也是十分必要的。出于这个良好的愿望，广东省妇联权益部在全面收集、认真整理的基础上，将这些维权案件分为反家庭暴力、家庭（夫妻）财产、抚养赡养、同居纠纷等几大类，并从每类案件中精选出若干典型案例，逐一评析，汇编成这套"法治与家庭丛书"。

在从事婚姻家庭纠纷方面的维权工作过程中，我们深深地意识到，妇联组织必须从法治的维度来审视和从维权的立场来应对这些婚姻家庭领域的问题与挑战。首先，从法治的维度来审视是法治时代的必然要求。法治的价值理念和具体行为规范囊括了婚姻家庭生活的方方面面，诸如离婚纠纷、亲子监护、家庭暴力、夫妻财产、遗产继承、非婚同居等问题，这些无一不在法律范畴之内，无一不涉及法治的理念和实务。作为在妇女儿童维权领域的一线实务工作者，我们看到的当今婚姻家庭生活所呈现出来的复杂性和多变性，以及由此引发的各种社会现象和社会问题，已经足以让法学、社会学等学科理论捉襟见肘了。因此，本丛书通过呈现真实案例的方式，希望为有志于探究法治与婚姻家庭关系的研究者提供研究素材，并能从中总结、发现和提炼有价值的结论；同时也希望关注和关心当今婚姻家庭问题的人们能从中得到一些有益的感悟和启示。

其次，从维权的立场来应对是妇联组织职能的具体体现。中国还不是一个完全现代化的社会，许多传统思想观念仍然影响着女性的生活和发展，女性在婚姻家庭中也往往处于被动和不利的境地。我国实行男女平等的基本国策，国家采取必要措施逐步完善保障妇女权益的各项制度，消除对妇女一切形式的歧视，国家保护妇女依法享有的特殊权益，禁止歧视、虐待、遗弃、残害妇女。妇联组织要代表和维护妇女群众的合法权益，在具体的社会实践中不断推进男女平等，这就要求我们必须坚持从维权的立场来分析和应对当今社会婚姻家庭生活领域的问题与挑战。同时，维权还是法治与家庭的最佳联结点。法治既是法律之治，也是众人之治，法治能反映人民群众意愿、体现公平正义、保护弱势群体，因此，只有从维护广大妇女群众合法权益的立场出发，让法治的触角有效介入婚姻家庭生活领域，以法治思维来看待和应对问题与挑战，才能取得事半功倍的成效。

本丛书可以说是一套真实性、知识性、启发性兼具的通俗读本，我们期盼读者能从中有所获益，并且进一步了解和支持我们妇联组织为维护妇女群众合法权益所作出的不懈努力。

衷心希望本丛书能成为普通百姓学习婚姻家庭法律知识的得力助手，为广大读者认识和维护自身权益略尽绵薄之力。

是为序。

许红

2016 年 2 月 18 日

（作者系广东省妇联副主席）

前　言

在婚姻家庭生活中，相互的感情固然是第一位的，但如果脱离了基本的物质生活条件来谈论婚姻家庭的建设和经营，将无助于我们去追求幸福美好的生活。其中，夫妻之间的财产关系如何界定，以及怎样应对由此产生的矛盾纠纷，是我们不可回避的基本问题。据统计，2013年至2015年3年间，广东省妇联系统所受理的妇女群众对夫妻财产纠纷的信访维权案件数，分别为1489宗、1221宗、1226宗，所占年度婚姻家庭权益纠纷的信访案件数的比例分别是6.5%、5.9%、6.3%。这组数据，还不包括离婚投诉中的财产纠纷。由此可见，人们在日常婚姻家庭生活中的财产关系并非风平浪静，特别是夫妻财产应如何处理，以及因此产生的矛盾纠纷，并不是一个可以忽略的社会问题。

我们认为，虽然促使婚姻缔结、维系和解体的具体原因很复杂，几乎囊括了现实社会中的政治、经济、法律、社会、文化等因素，但是，夫妻财产关系无疑是一个极为重要的因素。如果夫妻财产关系处理不妥，婚姻的稳定感和幸福感将会逐步减少，乃至难以维系，婚姻最终走向破裂。然而，处理好夫妻财产关系并不是一件轻而易举的事情。一方面，夫妻财产关系是一种严肃的法律关系，国家对此有明确的法律规定予以规范和调整，必须以法治思维方式来看待和处理；另一方面，夫妻财产关系又是在婚姻家庭生活中形成、发展和变化的，具有强烈的情感和伦理色彩，不能把它仅仅视作纯粹的物质利益关系来对待和处理。因而，我们若忽视夫妻财产关系的法律属性，或者漠视夫妻财产关系的伦理属性任性而为，生活的幸福指数将遭受重挫，甚至深陷痛苦之中。所以，我们了解、掌握夫妻财产关系的基本法律知识，遵循伦理要求处理夫妻财产关系，是十分必要的。毕竟，婚姻家庭是我们绝大多数人一辈子安身立命的人生载体，糊涂不得，大意不得。

为了使广大读者对夫妻财产关系有更为真切的了解和认识，我们编写了这本《夫妻财产纠纷案例评析》。本书分为两部分内容。第一部分是典型案例，从我省妇联系统近年来所调处的夫妻财产纠纷案件中选择了34个典型案例，根据婚姻法及相关司法解释的规定和精神，对当下婚姻家庭中最为常见的夫妻财产纠纷进行评析，通过具体真实的案例让读者既能了解和掌握有关夫妻共同财产、约定财产、婚前财产、婚后财产、共同债务、个人债务等方面的基础法律知识，又能从这些案例中得到有益启示，防患于未然，理性应对因结婚、离婚等所产生的各种财产问题。同时，在每个案例后都有夫妻财产方面的维权知识。第二部分是附录，包括《中华人民共和国婚姻法》、最高人民法院最新颁布的相关司法解释条文等。

本书是"法治与家庭丛书"中的一本，旨在通过夫妻财产纠纷真实案例的简介和评析，使读者对产生夫妻财产纠纷的各种具体状况有感性认识，对把握夫妻财产关系的法律属性有理性认识，并能掌握一些处理夫妻财产关系的基本知识，从而促进婚姻和睦与社会和谐。本书对从事婚姻家庭实务调处、婚姻法理论研究教学、基层普法宣传等相关工作者，均有一定的参考价值，对普通读者也有以案学法、启发思路的维权指引作用。

编　者
2017 年 1 月

目　录

总　序 ………………………………………………… 1

前　言 ………………………………………………… 1

01 分割纠纷篇

一、共同财产不懂争　净身出户致抑郁 …………………… 3

二、共同财产知多少　调查取证见分晓 …………………… 8

三、诉讼期间男转款　受援维权女得益 …………………… 13

四、不应诉痛失财产　再起诉终获公平 …………………… 17

五、夫嫌妻子生女儿　妻诉丈夫争权益 …………………… 21

六、调解离婚分财产　要算住房公积金 …………………… 25

七、离婚分产打白条　一波三折始变现 …………………… 29

八、离婚协议有效力　一方反悔无依据 …………………… 34

九、再婚夫妻闹离婚　女方争产有依据 …………………… 39

十、伪造假证称离异　欲借公证害老妻 …………………… 43

02 房产纠纷篇

一、财产约定用得巧　婚前房产可分割 …………………… 49

二、老公买房赠情人　老婆起诉追房款 …………………… 54

三、房产私下赠小三　原配维权终追回 …………………… 58

四、离婚房产没过户　前夫使坏出损招 …………………… 63

五、男方网恋有过错　调解结案少分产 …………………… 67

六、自建楼房各一半　村委证明起风波 …………………… 72

七、婚前购房分份额　离异分割按协议 …………………………………… 77

八、重症病妇争房产　十年官司二十宗 …………………………………… 82

九、财产分割失公平　维权抗争十三年 …………………………………… 87

十、夫偷售共同房产　妻维权主张赔偿 …………………………………… 93

03 债务纠纷篇

一、分居期间夫举债　终审判决妻免责 …………………………………… 99

二、司法判决难统一　婚内债务困扰人 …………………………………… 103

三、约定债务个人还　无奈仍要共同还 …………………………………… 108

四、夫妻本是同林鸟　一朝两散债共担 …………………………………… 112

五、夫妻离合再反复　治病债务共承担 …………………………………… 116

六、网络赌博夫借款　个人债务妻拒偿 …………………………………… 120

七、妻子经营出意外　丈夫拒债不合法 …………………………………… 125

八、一份协议经公证　两场官司定纷争 …………………………………… 129

九、虚构债务六十万　虚假诉讼逃分产 …………………………………… 133

十、小三凭据索巨款　原配有理纠错判 …………………………………… 137

十一、夫妻债务问题多　谨慎处理防隐患 ……………………………… 142

十二、男为离婚写借据　女诉清偿未获胜 ……………………………… 147

04 土地权益篇

一、离婚村妇被侵权　诉诸法院获救济 …………………………………… 155

二、夫妻离异地未分　确权登记起纠纷 …………………………………… 159

附　录

附录一　中华人民共和国婚姻法 ………………………………………… 165

附录二　最高人民法院关于适用《中华人民共和国婚姻法》若干问题
　　　　的解释（一） ……………………………………………………… 172

附录三　最高人民法院关于适用《中华人民共和国婚姻法》若干问题
　　　　的解释（二） ……………………………………………………… 177

附录四　最高人民法院关于适用《中华人民共和国婚姻法》若干问题的解释（三） ⋯⋯⋯⋯⋯⋯⋯⋯⋯⋯⋯⋯⋯⋯⋯⋯ 182

附录五　最高人民法院关于审理离婚案件中公房使用、承租若干问题的解答 ⋯⋯⋯⋯⋯⋯⋯⋯⋯⋯⋯⋯⋯⋯⋯⋯⋯⋯ 185

附录六　最高人民法院关于人民法院审理离婚案件处理财产分割问题的若干具体意见 ⋯⋯⋯⋯⋯⋯⋯⋯⋯⋯⋯⋯⋯⋯ 188

附录七　最高人民法院民一庭负责人就《中华人民共和国婚姻法》司法解释答记者问 ⋯⋯⋯⋯⋯⋯⋯⋯⋯⋯⋯⋯⋯⋯⋯⋯ 191

附录八　广东省高级人民法院关于审理婚姻案件若干问题的指导意见 ⋯⋯⋯⋯⋯⋯⋯⋯⋯⋯⋯⋯⋯⋯⋯⋯⋯⋯⋯⋯⋯⋯⋯⋯⋯⋯ 197

附录九　广东省高级人民法院关于审理婚姻纠纷案件若干问题的指导意见 ⋯⋯⋯⋯⋯⋯⋯⋯⋯⋯⋯⋯⋯⋯⋯⋯⋯⋯⋯⋯⋯⋯⋯⋯ 203

后　记 ⋯⋯⋯⋯⋯⋯⋯⋯⋯⋯⋯⋯⋯⋯⋯⋯⋯⋯⋯⋯⋯⋯⋯⋯⋯ 206

01／分割纠纷篇

一、共同财产不懂争　净身出户致抑郁

案情简介

阿霞，初中毕业，是一位忠厚老实的中年妇女。婚后，为使丈夫能够出人头地，阿霞竭尽全力支持丈夫阿旺去读大学。为了多积攒些钱，她早出晚归、加班加点、省吃俭用，常常一人干两份工作。一天下来，阿霞已经累得腰酸背痛，但晚上回去还要照顾年幼的孩子。日复一日，年复一年，阿霞终于熬到了出头的一天：阿旺毕业后当了一名大学教师。这时的阿霞，一天到晚总是乐呵呵的。阿霞没想到，丈夫成功带来的欢乐很快就烟消云散了，厄运在一天一天向她逼近。丈夫阿旺开始嫌弃她文化水平太低，两人无共同语言，不断找茬和阿霞争吵，几乎是小吵天天有、大吵三六九，后来就发展到大打出手，阿霞身上经常是青一块紫一块。原来，阿旺已在外面有了情人，决意要抛弃曾经共患难的妻子。

2012 年，阿旺以文化差异太大、双方无共同语言为由起诉要求与阿霞离婚。受够了肉体和精神双重折磨的阿霞，一心想着尽快摆脱无情的阿旺带给她的无边苦楚，没有提出其他要求就表示同意离婚。阿霞收到离婚判决书后，才发现自己没有住房，身无分文，几乎是净身出户了，生活顿时陷入了困境。原来，阿旺在起诉离婚时，有意隐瞒和回避了夫妻共同财产的分割问题，阿霞对家里的两套住房的产权（房产证均写阿旺的名字）及婚内存款等财产情况不清不楚，根本不懂得提出分割要求，法院也就把这些财产当作阿旺的个人财产来判决处理了。阿霞在父母传统家庭价值观的长期熏陶影响下，信奉女人要"三从四德"，嫁为人妻后相夫教子就行了，至于管家理财，她认为那是男人的事，又理所当然地认为家庭财产会有自己的一份。因此，婚后26年来，阿霞对夫妻家产事务一直不闻不问，还将自己挣来的钱一分不剩地全部交给丈夫阿旺打理。阿霞万万没想到，自己四处打工挣钱供老公上学，含辛茹苦抚养两个孩子，却落得个被老公起诉离婚、几乎净身出门的下场，因此饭吃不下，觉睡不着，精神抑郁，濒临崩溃。

2013年初，悲愤不已的阿霞来到广东省妇女维权与信息服务站（珠海站）求助。服务站工作人员认真分析研究了阿霞的诉求和实际情况后，建议她通过起诉阿旺、请求法院再次分割夫妻共同财产的途径来维权，并决定为她提供援助服务，由在妇联志愿服务21年、经验丰富的贾律师担任诉讼代理人。贾律师接案后，对阿霞的婚姻家庭和夫妻财产情况作了详尽了解，知道阿霞在家里不但不管钱，也不清楚家中房产情况，家里的所有产权证件都在阿旺手里。贾律师不辞辛苦到房产交易中心取证，掌握了登记在阿旺名下的房产应当属于夫妻财产的第一手证据，又申请法院调取了两人婚内存款的证据。阿霞据此请求法院对住房依法分割，并要求阿旺给付精神损害赔偿。为了能够顺利开庭，贾律师多次和阿旺进行了推心置腹的沟通，从情理上唤醒阿旺的良知。贾律师又主动请求主审法官，在不影响案件审理期限的情况下给他一定的时间做双方工作，尽量调解结案。经过贾律师的艰苦努力，双方在法庭主持下达成调解协议，两套夫妻共有房产的其中一套归阿霞和儿子所有，婚内存款阿霞分得50万元。阿霞的维权诉求最终得到了满足。

案例评析

在双方就夫妻共同财产发生争议时，或者在分割过程中，强势一方侵害弱势一方合法权益的情形，时有发生。但像阿霞这样，婚姻关系存续了二十多年后稀里糊涂被"净身出户"的案例，却比较罕见。阿霞的遭遇，真可以说是让人"哀其不幸，怒其不争"，她

既没有夫妻共同财产的法律意识，也不懂得维权，当面对老公绝情地转身离去时，她也就只剩下哭泣了。

夫妻共同财产的范围如何确定以及怎样分割，是婚姻家庭生活中一个非常重要的法律问题，婚姻法对此有具体明确的规定，夫或妻一方均不得违反法律侵害另一方的合法权益。但在实际生活中，有不少人或出于恶意或出于无知，并没有依照法律规定来处理夫妻财产事务和问题。本案例中，男方阿旺起诉离婚时，本应当对夫妻共同财产的情况作出说明，提出合理分割和处理的主张，但他凭借自己完全支配了家庭财产的强势地位，利用女方既不掌握夫妻财产状况也不懂得如何主张权利的弱点，竟然隐瞒了包括两套房产和存款在内的夫妻共同财产，回避分割夫妻共同财产问题，其侵害女方合法权益的意图和行为确定无疑。女方阿霞在应诉中则根本不知道要主张权利，直到离婚判决生效了，才确知自己"净身出户"，结果导致其精神恍惚，濒临崩溃。幸好，离婚后的阿霞还没有完全自认倒霉，而是及时向妇联组织投诉求助，服务站给阿霞无偿提供了法律服务。《中华人民共和国婚姻法》（以下简称《婚姻法》）第四十七条规定："离婚时，一方隐藏、转移、变卖、毁损夫妻共同财产，或伪造债务企图侵占另一方财产的，分割夫妻共同财产时，对隐藏、转移、变卖、毁损夫妻共同财产或伪造债务的一方，可以少分或不分。离婚后，另一方发现有上述行为的，可以向人民法院提起诉讼，请求再次分割夫妻共同财产。"根据此规定，贾律师为阿霞代理起诉阿旺，请求法院再次分割夫妻共同财产。针对阿霞不管钱也不清楚家中房产情况、产权证件被阿旺掌握的实际情况，贾律师通过调查取证和申请法院调取证据，充分证实阿旺隐瞒了夫妻共同财产。同时，为减少讼累和便于执行，贾律师不厌其烦地对阿旺"动之以情，晓之以理"，请求主审法官尽量调解结案。贾律师成功地维护了本属于阿霞的合法权益，很值得为其点赞，贾律师所运用的维权策略也十分得当，很值得借鉴。

此案对信奉婚姻只需相夫教子的女性来说，是一个很有意义的典型案例；对平常疏于管家理财的女性，也有启示意义。在日常婚姻家庭生活中，分不清个人财产和夫妻共同财产、不知道有多少夫妻共同财产、不掌握财产凭证在哪里的人，实在不少见。虽然有房有车有存款，看上去很美，但一旦遭遇变故或发生争议，夫妻共同财产分文不在掌控之中，最终会落得个几乎净身出门的结局，这并非危言耸听。（评析人：杨世强）

维权知识

★什么是夫妻共同财产？

夫妻共同财产，是指在婚姻关系存续期间夫妻所共同拥有的财产。所谓婚姻关系存续期间，是指夫妻结婚后到一方死亡或者离婚之前这段时间，这期间夫妻所得的财产除有约定或者法律规定的外，均属于夫妻共同财产。夫妻对共同所有的财产有平等的处理权。夫妻一方对婚姻关系存续期间的财产的处分，需征得配偶的同意。

　　《婚姻法》第十七条规定，夫妻在婚姻关系存续期间所得的下列财产，归夫妻共同所有：（一）工资、奖金；（二）生产、经营的收益；（三）知识产权的收益；（四）继承或赠与所得的财产，但本法第十八条第三项规定的除外；（五）其他应当归共同所有的财产。夫妻对共同所有的财产，有平等的处理权。

二、共同财产知多少 调查取证见分晓

案情简介

阿彪与阿燕原来在同一单位上班，1993 年双方经自由恋爱后结婚，婚后一段时间双方的感情尚可，于 1995 年生育长子，2007 年生育次子。2000 年原单位因经营不善破产，夫妻双双下岗，生活陷入困境。后来，阿彪在外面经营了一个加工厂，阿燕则在家操劳家务，不时也在外做些短期工以补贴家用。在夫妻俩的艰苦努力下，生活逐步好转，收入也日益增长，但家庭财产均由阿彪掌管着，阿燕则只顾默默地相夫教子。大约在 2010 年，阿彪在参加了一个同学会之后，行为举止变得有些反常。阿燕慢慢地觉察到，原来是阿彪与他的女同学有了不正当的男女关系，双方因此经常吵架，阿彪还多次殴打阿燕，导致双方感情发生严重裂痕。

2013 年 9 月份，阿彪向潮州市某区人民法院起诉离婚。阿燕对婚姻也感到失望，愿意解除婚姻关系。但她看到起诉状时感到非常气愤，阿彪在起诉状中仅仅列明现住的一套商品房为夫妻共同财产，且该房产在银行的按揭贷款还未付清。阿燕确信这些年来夫妻所挣下的财产绝不止一套房产，她怀疑阿彪隐匿了大部分财产。但由于平时家中的一切财产均由阿彪所掌管，阿燕手中并没有任何夫妻财产证据，夫妻俩到底有多少共有财产，她心里也没数。阿燕极为担心，如果法院根据阿彪所主张的内容进行判决，她只能分得少量的财产份额，晚年的生活将无法保障。阿燕平时打工的收入很微薄，也都花在家庭生活和孩子的教育上了，手中十分拮据。因为没钱聘请律师，阿燕深感茫然无助，只好向某区妇联求助。区妇联了解其情况之后，很同情阿燕的遭遇，便指派妇联的常年法律顾问谢律师为其提供法律援助。

谢律师向阿燕详细了解案情后指出，鉴于阿燕没有证据证明阿彪存在法定过错情形，其主张损害赔偿的请求难以实现，因此，应将应诉重点放在夫妻共同财产的调查取证上。谢律师根据阿燕提供的线索，不辞辛苦多次往返某县国土局、某镇国土所调查取证，皇天不负有心人，最终查出阿彪名下有两处土地使用权，登记于两人婚姻关系存续期间。同时，谢律师还帮助阿燕及时向人民法院申请依法对某房地产开发商、工商银行等进行调查，查出阿彪还有几万元的银行存款、工厂机械设备一批、停车位两个。在查明了本案夫妻共同财产的真实情况之后，谢律师在庭审中将调查取得的各项权属证明向法庭进行举证，并进行充分有力的论证，使得阿彪无法辩驳阿燕所主张的共同财产——住房、银行存款、工厂机械设备一批、停车位两个、两处土地使用权。随后，双方达成调解协议：解除婚姻关系，未成年的次子由阿彪直接抚养，登记在阿彪名下的财产归阿彪所有，阿彪一次性向阿燕支付人民币现金 50 万元（比原来阿彪愿意支付的 15 万元多了 35 万元）。并且，阿燕接受了律师的建议，将其中的 5 万元交还给阿彪作为未成年次子的抚养费用。在签订调解书时，谢律师还规劝两人在孩子探视方面应尽量给对方提供方便，双方均同意。这使得本案取得了令各方满意的结果。

案例评析

《婚姻法》规定了包括处理夫妻财产在内的夫妻之间的各种平等权利，但在现实婚姻家庭生活中，受到"男主外女主内"传统婚姻家庭观念影响，以及受现实夫妻关系中男强女弱的制约，经常会出现丈夫完全掌握和控制了夫妻共同财产，妻子对共同财产的处理和状况既不能插手也一无所知的情形，就像本案中一样，丈夫阿彪一手遮天，妻子阿燕茫然不知所措。这种情形导致一旦发生夫妻财

产纠纷，或者夫妻感情破裂而离婚分割共同财产时，女方便因无法举证共同财产的状况而处于劣势，合法权益受到侵害，也很难得到救济。

在本案中，阿燕认为阿彪与其他女子有不正当关系，基于《婚姻法》第四十六条的规定："有下列情形之一，导致离婚的，无过错方有权请求损害赔偿：……（二）有配偶者与他人同居的"，若阿燕能证明阿彪与他人同居，可请求损害赔偿。但鉴于阿燕没有充分证据证明，向人民法院主张阿彪承担过错责任的请求就难以实现。因此，谢律师建议阿燕将应诉的重点放在夫妻共同财产的调查取证上，是正确的务实选择。

《婚姻法》第四十七条规定："离婚时，一方隐藏、转移、变卖、毁损夫妻共同财产，或伪造债务企图侵占另一方财产的，分割夫妻共同财产时，对隐藏、转移、变卖、毁损夫妻共同财产或伪造债务的一方，可以少分或不分。"根据上述规定，谢律师通过自身调查取证和向人民法院申请调查取证，查出阿彪还有银行存款、工厂机械设备一批、停车位两个、两处土地使用权，并在法庭审理中对调查出来的夫妻共同财产进行了充分举证，使得阿彪无法辩驳，最终妥协达成调解协议，同意向阿燕支付人民币现金 50 万元。阿彪凭借自己完全支配家庭夫妻财产的强势地位，对夫妻共同财产进行隐匿，把阿燕在离婚诉讼中推向极度劣势的处境，该侵害阿燕合法权益的恶意行径被谢律师的应诉策略成功击破了，从而使正义的天平倾向阿燕，完美地维护了阿燕的合法权益。谢律师放弃了难以举证的基于"有配偶与他人同居"的损害赔偿请求权，选择了更具有可执行性、可操作性的"夫妻共同财产的调查取证"，取得了这场诉讼的胜利。除了通过法律知识帮助阿燕维护其合法权益，谢律师还建议阿燕主动承担子女的抚养费用并主动规劝双方为孩子探视提供便利，这不仅弘扬了新时代女性对家庭孩子的责任心，也为孩子未来的健康成长提供了良好的环境，其用心良苦，很值得为之点赞。

此案对那些平常疏于管理家财的女性敲响了警钟，女性就算只是在家相夫教子，也应该能清楚地分辨什么是个人财产，什么是夫妻共同财产，有多少夫妻共同财产，财产凭证在哪里。对此了然于心并不是视财如命，而是在维护自身的夫妻共同财产知情权，是在维护自身的合法权益。否则，一旦遭遇变故或发生争议，最终会落得净身出户、无钱养老的结局，这绝非天方夜谭。（评析人：王倩）

维权知识

★什么是夫妻一方财产？

夫妻一方财产，指的是在婚姻关系存续期间由夫或妻一方个人所有的财产，夫或妻一方对个人所有的财产有独立的处理权。根据《婚姻法》第十八条规定，有下列情形之一的，为夫妻一方的财产：（一）一方的婚前财产；（二）一方因身体受到伤害获得的医疗费、残疾人生活补助费等费用；（三）遗嘱或赠与合同中确定只归夫或妻一方的财产；（四）一方专用的生活用品；（五）其他应当归一方的财产。

三、诉讼期间男转款　受援维权女得益

案情简介

　　温华与姜平结婚后不久就做了全职太太，两人育有一子小智。温华因姜平长期对她实施家庭暴力，遂向韶关市某县法院起诉离婚，但县法院一审作出不准离婚的民事判决。温华不服，向韶关市中级人民法院提出上诉，市中院作出发回重审的裁定。在此期间，姜平料想官司可能会发生逆转，就偷偷地将他名下的银行存款转移了，还把他在合伙公司的全部股权以25万元转让给了侄子。原审法院另组合议庭重审了此案，作出如下判决：准予离婚；婚生子小智由温华抚养，姜平每月支付小智生活费300元至18周岁止；夫妻共同财产分割温华所得为63749.67元。对此，温华非常气愤，认为县法院的重审判决对夫妻共同财产认定有重大错误，且孩子抚养费太低，但她又担心自己因孤弱无助、经济困难，再也无力回天，就抱着试试看的态度向韶关市妇联求助，希望妇联能帮助她再向市中院提起上诉。市妇联接到温华的求助材料后，认为温华的诉求合情合理合法，立即与市法律援助处联系，市法律援助处审查材料后，立即指派律师和市妇联干部联合承办此案。

　　法援律师接案后，马上约见温华倾听她的意见，详细调查了解了案情的始末，到市中院认真查阅了一审双方提交的证据和一审庭审笔录等宗卷材料，仔细研究存在争议的法律问题和适用法律情况。在经重新阅卷、核实相关情况后，代理律师发现原判决存在以下几个问题：一是对夫妻共同财产认定有误。温华和姜平属于补办结婚登记，夫妻共同财产的计算应从婚姻发生效力之日 2003 年 4 月 13 日起算；合伙公司股权 25 万元转让款及合伙经营收益中归姜平所得的部分，应认定为夫妻共同财产；姜平工商银行账上资金 290656 元未作夫妻共同财产认定是错误的，仅认定姜平从建设银行账上转移夫妻共同财产资金 108826.55 元也是错误的，应当认定为 517461 元。二是姜平有隐藏、转移夫妻共同财产的行为，而且对温华有实施家庭暴力的行为，根据《婚姻法》相关规定，无过错方有权请求损害赔偿，温华要求取得夫妻共同财产的 60% 份额，是合理合法的。三是原审判决姜平每月支付婚生子小智生活费 300 元明显偏低，结合当前物价水平和姜平的经济能力，温华主张每月 500 元是合理合法的，应当予以支持。对于以上原审判决存在的损害温华合法权益的几方面不公正之处，法援律师逐一摆出事实，拿出证据，引用法律条文在庭上据理力争，代理意见最终被法庭采纳，市中级人民法院终审判决撤销了原审法院对夫妻共同财产分配的判决，改判男方姜平在判决生效之日起十天内支付女方温华 344300 元。弱女子温华历经重重波折后，终于获得了自己应得的夫妻共同财产，维护了自己的合法权益。

案例评析

本案中，温华作为一个弱女子提起离婚诉讼，从最初一审判决不准离婚上诉后发回重审，到重审后判决分割夫妻共同财产仅分得 63749.67 元又上诉，再到终审判决分得 344300 元，其中的曲折过程令人感慨。不得不说，温华是一位比较坚韧的女性，一次次的挫折并没有让她灰心丧气，仍然积极争取自己的合法权益，即使开始是抱着试试看的心态来寻求妇联帮助，但其始终都有维权到底的决心。现实中很多女性，经历一两次挫折就认命了，但温华坚持下来了，这说明她还不是法盲，而且还很聪明地寻求了妇联的帮助，这点是值得我们称赞的。

本案所涉及的夫妻财产纠纷问题的焦点，在如何确定温华和姜

平的夫妻共同财产该从何时起算，这一时间节点是分割夫妻共同财产的基础。由于两人是先同居后补办结婚登记手续的，温华又是一位既没有参与丈夫生意经营也没有外出就业的全职太太，对于夫妻共同财产问题，她恐怕也只知道两人在婚姻关系存续期间没有约定个人分别所有、夫妻共同财产不止一审法院认定的那么多这两种情况。因此，她本能地意识到原审判决有错误，想上诉维护自己的合法权益却不知如何应对。事实上，实践中要推翻原审已经作出的判决，确实是一项艰难的技术活，承办此案的法援律师和妇联干部为维护温华的合法权益不遗余力，通过认真、专业、细致、负责任的维权服务扭转了局面，这是温华上诉取得成功的关键。若非如此，就无法发现和确定两人结婚时间应从2003年4月13日起计算，而这个时间点正是原审法院忽视的一个问题，对夫妻共同财产数额的准确认定起到了关键性的作用，最终使二审法院作出改判。（评析

人：郭惠银）

维权知识

★什么是婚姻关系存续期间？

婚姻关系存续期间，指的是夫妻双方登记结婚之日起至婚姻关系终止之日止的期间。即婚姻关系发生效力之日起，到配偶一方死亡或离婚生效时止。它既包括结婚之后夫妻双方共同生活期间，也包括登记之后尚未同居期间，夫妻双方婚后分居期间，以及一方向人民法院提起离婚诉讼，人民法院准予离婚的调解或者判决尚未生效期间。

四、不应诉痛失财产　再起诉终获公平

案情简介

　　丽梅是韶关市某县的一名普通农村妇女，她的丈夫叫阿勇。2007 年 4 月，因为某冶炼厂建设需要，政府对丽梅家的房屋及附属物进行征收拆迁。2008 年 5 月，县国土资源局与阿勇签订了拆迁协议，县国土资源局一次性给付房屋及附属物补偿款 259490 元、青苗补偿款 25888 元。此外，政府还补偿建筑差价 3 万元、招工指标 3 万元，合计补偿 34 万多元。也就在这一年，阿勇向县法院提起离婚诉讼。丽梅和阿勇平时感情一般，争争吵吵不断，虽然婚姻并不如意，但丽梅对于离婚却十分抗拒。其中一个重要的心理原因就是她怕没面子，担心自己一旦离婚了，就很难在众人面前抬起头来；另一个十分重要的现实原因，则是离婚后丽梅面临无家可归的困境，在原地已经没有房子住，回娘家投靠兄弟显然也行不通。因此，收到法院的传票后，丽梅先是惶恐不安、六神无主，后来左思右想之后决定不管它，听之任之。

　　虽然丽梅没有出庭应诉，法院还是按照法定的程序开庭审理，并于当年 9 月份作出离婚判决。因阿勇没有提出分割夫妻共同财产的请求，丽梅也没有应诉表示有夫妻财产需要法院依法分割，于是在法院作出的离婚判决中，并没有对夫妻共同财产作出处理。实际上，他们的夫妻共同财产还不少，除了由阿勇领取的征地拆迁所得的 34 万多元的补偿款之外，还有价值 1.4 万元的摩托车，以及其他家具财产等，但这些财产都在阿勇手里掌控着。阿勇拿着离婚判决书，到处宣称他和丽梅已经没有任何关系了，丽梅相当于是被阿勇扫地出门了，境况令人同情。丽梅无法接受从此人财两空、居无定所的结局，为此多次到其前夫所在的村、镇反映，要求协调处理分割她应得的财产，但都没有结果。财产拿不到，经济窘迫，娘家人又不理解，丽梅因此患上了精神分裂症。经治疗好转后，丽梅来到县妇联反映情况，要求维护她的合法财产权益。

县妇联对于丽梅的求助十分重视，对案件进行了全程的跟踪参与处理。县妇联先是对丽梅进行情绪疏导，安抚她的情绪，接着，积极了解核实相关情况，并与镇、村干部努力做阿勇的说服、教育工作，向阿勇宣传有关法律规定。虽然对阿勇进行了多次调解，向他指出征地拆迁补偿款也好，家里的家具、摩托车也好，都属于夫妻共同财产，丽梅都有权要求分得应得份额，但阿勇坚持认为征地拆迁补偿款与丽梅无关，对于家具、摩托车，他也不同意分给丽梅。调解无效后，县妇联决定通过法律途径帮助她争得应得的财产。由于丽梅经济困难，县妇联决定为她提供法律援助，帮助她打好这个财产官司。县法律援助处派出律师，和县妇联干部一起为丽梅代理本案。办案人员历经重重困难，终于为丽梅争取到8.6万多元的财产，这不仅解决了丽梅的经济困难，更重要的是，让她看到了法律的正义，感受到了社会的温暖，使她重新树立起了对生活的希望和信心。

案例评析

学法，才能知法、遵法、用法，才能真正把法律作为维护自己合法权益的有力武器。这个案例中，两个主人公的法律知识都比较欠缺，尤其是女主人公。阿勇尚懂得通过起诉到法院，达到解除婚姻关系的目的，说明他有一定的法律意识，但在夫妻财产分割上，却坚决不肯配合，这是因为其对法律上关于夫妻共同财产的规定不了解、不认可。丽梅的表现，可以说基本是一个标准的"法盲"，心理上抗拒诉讼，行动上不参与应诉，以为不应诉就可以让阿勇一

个人"白玩",殊不知,不应诉,不答辩,不主张,不举证,则白白失去了为自己争取婚姻权益、财产权益的机会。现实中,她的不应诉,客观上也帮助阿勇较快地实现了离婚的目的。只要稍有点法律意识,就知道,纵使当事人不应诉,法律也有相应的措施保障诉讼继续进行。比如,当事人不答辩,只是放弃为自己要权益、讨说法的机会;当事人不参加庭审,也不委托他人参加庭审,法院一样可以缺席审理,作出判决。

在这个案例中,县妇联从心理上、法律上给予丽梅援助,更加重要的是,在调解过程中对双方进行有效的法律宣传教育,使丽梅对于法律有了基本认识,萌发了依法维权的意识,从一定意义上说,这才是本案最大的成功。丽梅最后为自己争取到应得的财产,这在当地农村产生了广泛的影响,法律对当前农村离婚妇女被扫地出门的现象亮出了红牌。(评析人:陈秋鹏)

维权知识

★怎样界定婚姻关系存续期间？

具体要注意以下几个方面：第一，合法婚姻从领取结婚证之日起，到配偶一方死亡或离婚生效时止；第二，1994年2月1日《婚姻登记管理条例》施行前，男女未办理结婚登记即以夫妻名义同居，被认定为事实婚姻的，从同居之日起，就是婚姻关系存续期间；第三，根据《最高人民法院关于适用〈中华人民共和国婚姻法〉若干问题的解释（一）》［简称《婚姻法解释（一）》］第四条的规定，男女双方根据《婚姻法》第八条规定补办结婚登记的，婚姻关系的效力从双方均符合婚姻法所规定的结婚的实质要件时起算，在这种情况下，补办结婚登记之前的一定时间也应属于婚姻关系存续期间；第四，夫妻分居或离婚判决未生效的期间，仍为婚姻关系存续期间；第五，恋爱或订婚期间，不属于婚姻关系存续期间。

五、夫嫌妻子生女儿　妻诉丈夫争权益

案情简介

阿莲与阿生经人介绍于 1999 年初登记结婚，婚后于 1999 年和 2004 年先后生育两个女儿。阿生是一位重男轻女思想极其严重的男人，在阿莲生育两个女儿结扎后，生子无望的阿生变得尖酸刻薄起来，经常埋怨阿莲不能生男孩，为此时常对阿莲恶言辱骂，甚至动手殴打。自两个女儿出生以来，阿生从未尽到为人夫、为人父的责任，毫不关心女儿们的学习和生活，就连大女儿被人侵害致孕，他也没过问。他只是一门心思想找人帮他生儿子，以传宗接代，对女儿、妻子，乃至家庭都不管不顾。2007 年，夫妻俩在韶关某县城南镇新村的宅基地现址，按规划建了一层砖混结构房屋，阿莲向自己娘家和亲戚借款 28700 元用于建房，阿生不仅当时拿不出钱，过后也没努力挣钱养家和还债，还经常在外赌博，夜不归宿。阿莲靠着自己微薄的劳动收入，省吃俭用偿还了借款。

2012 年，一直想另找人生儿子的阿生向法院起诉离婚，当时因阿莲不同意而撤诉。虽然阿莲努力维系着这段婚姻，但未能如愿的阿生却从未断绝另找人生子的心思。2014 年底，阿莲得知阿生在太平镇某村与有夫之妇赖某同居并生育一子后，前去该村找赖某证实此事，此间阿生闻讯赶到现场，不分青红皂白就把阿莲责打了一顿。阿莲在证实丈夫与他人同居生子后，还遭受丈夫一顿责打，悲愤不已，立即报警求助，派出所介入调解，建议阿莲通过法律途径解决。为此，阿莲拨通了"12338"妇女维权热线，向妇联求助。

随后，在姐姐的陪同下来到县妇联，倾诉她的婚姻遭遇，提出想与阿生离婚的诉求。妇联了解了她的情况后，立即为她写了推荐函到县法援处申请法律援助，很快法援处就指派王律师承接了此案。

随后，妇联工作人员和王律师一起约见了阿莲，详细询问阿莲的婚姻家庭情况，注重倾听、捕捉阿莲交谈中涉及的对案情有利的细节，从中获取有用信息，挖掘、收集整理有利的证据材料，并向阿莲解读了相关法律条文，让她弄明白了以下几个问题：对夫妻共有的房屋，离婚时分割住房由双方协议解决；协议不成的由人民法院根据双方的具体情况，按照照顾子女和女方权益的原则判决；离婚时，女方因实施绝育手术或者其他原因丧失生育能力的，处理子女抚养问题，应在有利子女权益的条件下，照顾女方的合理要求；法院会根据婚姻法和相关司法解释对离婚无过错方的保护规定，支持她提出合理、合法的离婚诉求。王律师根据阿莲的诉求，为她代拟了起诉状向法院提起离婚诉讼，请求法院判决准予离婚、支持女方分割现行居住的房屋、要求阿生每年支付 8000 元生活费和教育费至女儿成年。2015 年初，县法院应阿生请求，对此案作了不公开审理。开庭之日，阿生见阿莲亲属均不能旁听，竟然在庭审中嚣张怒斥阿莲不能生男孩还敢到法院告自己。阿莲事先已受王律师嘱咐，了解了应对庭审的注意事项，并没有与之争吵，而是根据王律师提供的发言要点，指出阿生是过错方，且年龄比自己小，在经济收入方面更有优势，按照法律规定应照顾无过错的女方；阿生是两个女儿的亲生父亲，要承担抚养责任等。阿莲有理有据地摆事实讲道理，顺理成章地提出自己的合法诉求，阿生自知理亏，同意法庭调解。最后，在法庭的主持下双方达成以下协议：一是双方自愿离婚；二是阿生每年支付两个女儿抚养费和教育费共计 8000 元至成年；三是位于县城南镇新村的一层砖混结构房屋及老式土砖结构房屋归阿莲所有；四是农用拖拉机和摩托车归阿生所有。自此，阿莲离婚纠纷案件顺利调解结案，阿莲分得了大部分夫妻共同财产。

案例评析

　　如果仅仅从离婚分割夫妻共同财产的角度来看，本案中阿莲无疑是胜诉和成功的，原夫妻共有的一层砖混结构房屋及老式土砖结构房屋，均归阿莲所有，体现了法律照顾无过错方和弱势女方权益的原则。这个结果也得益于法援律师和妇联干部的联合维权服务，他们在办理此案过程中，根据收集的证据材料，认真对照《妇女权益保障法》《婚姻法》等法律法规，详细为阿莲解读分析，引导其提出合理、合法的诉求，有效增强了她维权的信心。庭审前，律师和妇联干部又全方位地为阿莲考虑，详细介绍庭审过程，做足了庭审前的辅导功课，使阿莲能在庭审中有理有据地提出合理诉求，最终在法庭主持下调解结案，较好地达到了诉求目的。

　　除开夫妻财产分割问题不论，本案中，阿莲的婚姻生活也是令人深思的。在她生育两个女儿结扎后，丈夫阿生便开始嫌弃责打她，甚至到法院起诉离婚。阿莲经受了多年折磨，丈夫起诉离婚时她仍不同意，还一直忍气吞声地过着被丈夫责骂、歧视、家暴的日子，也许连她自己都认为没能生男孩是她的错！不得不说，她在离婚前活得多么卑微和屈辱。直到阿莲证实丈夫与有夫之妇同居且生有一子，还遭到丈夫无情责打时，她才终于觉醒，自己苦苦维系着的"家"，早已没有意义。她痛定思痛，终于鼓起勇气面对现实向妇联求助，拿起法律武器维护自身的合法权益。由此可见，妇女要有"四自"精神，学会依法维护自己的合法权益十分重要。（评析人：郭惠银）

维权知识

★什么是离婚过错方？

　　夫妻关系中，因过错导致婚姻破裂的一方，系离婚过错方。《婚姻法》第四十六条规定："有下列情形之一，导致离婚的，无过错方有权请求损害赔偿：（一）重婚的；（二）有配偶者与他人同居的；（三）实施家庭暴力的；（四）虐待、遗弃家庭成员的。"

　　此外，离婚时，法律对绝育妇女有特别保护的规定。《妇女权益保障法》第五十条规定："离婚时，女方因实施绝育手术或者其他原因丧失生育能力的，处理子女抚养问题，应在有利子女权益的条件下，照顾女方的合理要求。"

六、调解离婚分财产　要算住房公积金

案情简介

2006 年，阿萍经阿坚父亲介绍结识了阿坚，两人恋爱一年后登记结婚，于 2009 年生下一女小欣。这对小夫妻的婚后生活，因受到阿坚父母的过度干涉和影响，夫妻之间经常因一些鸡毛蒜皮的事发生矛盾冲突，夫妻感情很快亮起了红灯，阿坚为照顾父母的脸面，甚至多次将阿萍赶出家门。2012 年，夫妻俩因购买煤气炉之事发生激烈争吵，阿坚再次将阿萍赶出家门，并将门反锁。阿萍有家不能归，无奈之下带着女儿回娘家居住，两人自此分居。2013 年初，阿坚在父母的怂恿下向法院提起离婚诉讼，阿萍认为家庭矛盾的主要原因是男方父母过度干涉，夫妻之间没有原则性问题，双方尚有和好的可能，因此不同意离婚。法院支持了阿萍的请求，作出不准予离婚的判决。

阿萍是一名低收入妇女，不想自己失去原本安稳的生活。为此，阿萍多次主动与阿坚联系，表态谅解阿坚，单位妇委会、派出所、市妇联等也介入做了许多工作，但这一切都无法改变阿坚离婚的决心，夫妻关系没有任何改善迹象，双方还因孩子的抚养问题进一步激化了矛盾。到了 2014 年，阿萍终于对这段夫妻感情心灰意冷了，决定起诉阿坚离婚。市妇联为阿萍申请了法律援助，法援律师接案后约见阿萍，在详细了解了情况并征求阿萍的意见后，律师约见了阿坚，苦口婆心地做双方的和解工作，希望促成双方达成离婚协议，以最大限度地保障阿萍及小欣的权益。然而，虽经律师多次

调解，阿坚仍不让步，双方无法达成一致意见。于是，法援律师为阿萍代拟了起诉状，调查收集和整理了各种证据，特别是把夫妻婚姻关系存续期间个人应取得的住房公积金、实际缴付的养老保险费等逐一列明，提出阿萍是低收入妇女，应当按照婚姻法规定照顾女方和子女的原则分割夫妻共同财产，女方应当按60%的比例分配，以最大限度地保障阿萍的合法权益。最后，双方在法庭主持下达成调解协议，阿坚支付阿萍80000元，婚生女儿由阿坚抚养，并由阿坚自行负担抚养费。

案例评析

阿萍虽然想努力修复婚姻，但婚姻不是仅凭单方努力就能促成和谐的，丈夫的决绝最终让她绝望。因此，当婚姻走到无法挽回的地步时，理智放手，坚强面对，极力争取自身最大限度的合法权益，过好自己今后的生活才是"硬道理"。

本案最大的亮点是，阿萍作为相对弱势的一方，成功争取了按60%的比例分割包括住房公积金、养老保险在内的夫妻共同财产。法援律师在代理此案过程中，前期做了大量的调解工作，在无法达成一致意见的情况下，建议阿萍提起离婚诉讼，把男方应当取得的住房公积金、养老保险等调查清楚后列入财产清单，并极力争取法院支持她按60%的比例分割夫妻共同财产的请求。这是有充分法律依据的：一是按《最高人民法院关于适用〈中华人民共和国婚姻法〉若干问题的解释（二）》[简称《婚姻法解释（二）》]第十一条的规定，婚姻关系存续期间，男女双方应当取得的住房公积金和应当取得的养老保险金，应当归共同所有的财产；二是按《最高人民法院关于适用〈中华人民共和国婚姻法〉若干问题的解释（三）》[简称《婚姻法解释（三）》]第十三条的规定，婚后以夫妻共同财产缴付养老保险费，离婚时一方主张将养老金账户中婚姻关系存续期间个人实际缴付部分作为夫妻共同财产分割的，人民法院应予支持。律师为争取法庭支持阿萍的诉求，认真调查取证，举证说明了阿萍、阿坚两人的夫妻共同财产，主要有双方婚姻关系存续期间个人实际缴付的养老保险费、应当取得的住房公积金，并列明计算清单，法庭予以确认。

根据《婚姻法》第三十九条的规定，离婚诉讼中，一般情况下对夫妻共同财产的分割由男女双方协议确定，协议不成时，由人民法院根据财产的具体情况，照顾子女和女方权益的原则判决。由于法援代理律师细致周到地为阿萍做足了诉前准备，在法庭调解阶段为阿萍提出的调解方案内容具体、翔实、有理有据，阿坚也很清楚，即使他不同意调解，法庭判决也会支持阿萍的请求。在法庭的主持下，阿坚同意了调解方案，顺利达成女方按60%的比例分割夫妻共同财产的调解方案，成功调解离婚。因此，本案对在离婚财产分割中如何据理力争、用法得当，从而有效维护弱势妇女一方的合法权益，有借鉴意义。（评析人：郭惠银）

维权知识

★应当归夫妻共同所有的其他财产，具体指的是哪些财产？

根据《婚姻法解释（二）》第十一条的规定，婚姻关系存续期间，《婚姻法》第十七条所规定的应当归夫妻双方共同所有的其他财产，包括：（一）一方以个人财产投资取得的收益；（二）男女双方实际取得或者应当取得的住房补贴、住房公积金；（三）男女双方实际取得或者应当取得的养老保险金、破产安置补偿费。

七、离婚分产打白条　一波三折始变现

案情简介

阿锐家住肇庆市某县，是一名37岁的离异妇女，因为离婚财产纠纷得不到解决，从2009年12月下旬起，先后到县妇联、市妇联上访，并写信向主管妇女儿童工作的副省长反映情况。为此，省妇联对此信访案进行了督办。

据阿锐反映，2005年3月她和前夫阿清一起与他人合伙承包了一个近三千亩的山场。阿清在砍伐山场木材获得巨额收入后，就开始过上放荡的生活，不仅对家庭不闻不问，连家庭日常生活费也不肯给，把钱财都挥霍在豪赌和包二奶上。阿锐无法容忍阿清的所作所为，于2007年11月向县法院提起离婚诉讼，法庭审理后认定双方夫妻感情已经破裂，法庭调解双方离婚。随后，两人就财产分割自行达成了协议。双方同意：所承包的山场在2007年12月31日前卖出木材后，阿清一次性支付50万元给阿锐，山场的其他一切收益、债务与阿锐无关。但在签订协议书之后，阿清并未履行给付义务，阿锐拿在手上的，只是一张等待兑现的"白条"。

2008年7月18日，山场另一合伙人向县法院提起诉讼，要求散伙清算。经法庭审理清算，阿清需要承担一笔数额不菲的债务。然而，挥霍无度的阿清此时连承诺付给阿锐的50万元都还没有兑现，哪里有钱偿还债务。由于阿清没钱还债，县法院启动强制执行程序，对山场进行了变卖处理。山场变卖所得除用于偿还阿清所欠债务外，县法院为了保障阿锐的婚姻财产权益，还特地留下了50万元，以备阿清向阿锐支付之用。钱虽然被法院截留下来，但毕竟还没有到阿锐手上，阿锐担心夜长梦多，不知道哪天这笔钱又会被执行出去，到时仍旧落得个竹篮打水一场空。阿锐听说，只要申请法院对这笔钱进行保全，其他人就不能打它的主意了，于是在 2009 年 12 月向县法院提出申请，要求对变卖山场所得价款中的 50 万元进行保全。但县法院拒绝了阿锐的申请，建议阿锐另行起诉，待其取得有法律效力的法律文书作为获得补偿款的依据，法院才能把留存的钱发放给阿锐。

"离婚协议书不是写得很清楚要补偿我 50 万元吗？钱不是已经留在法院账户上了吗？还要我另外起诉做什么，分明是难为我一个农村妇女。"阿锐找到县妇联哭诉，要求县妇联为她主持公道，帮助取回留在法院的 50 万元。县妇联高度重视，妇联主席、分管维权工作的副主席亲自到法院了解情况。县法院介绍了相关情况，认为阿锐与阿清离婚时达成的财产分割协议，只是对双方具有法律约束力，现阿清不履行离婚协议，阿锐要争取回协议中所分割的财产，还需要另行通过诉讼途径解决。随后，县法院承办人员又约谈阿锐，向其解释有关法律规定，讲解有关诉讼程序，并建议她按法定程序争取回财产权益。但阿锐始终不接受，情绪变得非常激动，她觉得案件在县里面很难解决好，于是向省领导写了求助信，希望能够得到省领导的重视，促进案件一步解决。

省妇联将阿锐的来信转给市妇联，要求当地妇联做好相关工作。市妇联组织法律专家对阿锐反映的情况进行了认真研究，专家一致认为，县法院给阿锐提出的建议是合法妥当的，处理方式没有问题，阿锐要拿到 50 万元，通过法律途径另行起诉是最稳妥的方式。阿锐在市、县妇联多次苦口婆心的劝导下，于 2010 年 8 月向县法院起诉，请求县法院判令阿清履行离婚协议，一次性支付阿锐 50 万元。2010 年 9 月 21 日，县法院开庭审理该案，同年 11 月 23 日，县法院作出判决：以变卖山场所取得的价款平均承担山场的债务和收益，判决阿清支付阿锐 291974.06 元。阿锐没想到，经过这么多波折后，得到的是这样一份出乎意料的法院判决，她表示坚决不服。

市妇联再次组织法律专家对案件进行研讨，专家认为一审判决欠妥，建议阿锐上诉。于是，市妇联领导协同法律专家一起到二审法院反映阿锐的诉求，向主审法官表达对案件的看法和意见，要求二审法院依法审理，公正判决，切实维护妇女的合法权益。2011 年 5 月，肇庆市中级人民法院作出终审判决：阿清应于判决发生法律效力之日起 10 日内支付共有财产分割款 50 万元给阿锐。这宗历时 3 年多的离婚财产纠纷案件终于得到圆满解决。2011 年 6 月，拿到肇庆市中级人民法院判决书的阿锐先后到市妇联、县妇联报喜，高兴地说："感谢妇联，我胜诉了，是你们为我争回了应得的 50 万元。"

案例评析

本案是一个夫妻"共患难易，共荣华难"的典型案例。有钱了，丈夫的心守不住了，就把钱花在赌博、包二奶上，先是家庭破裂，后来是生意也失败了，在严苛的生活规则和社会道德面前，蔑视者的一切都被打回原形。

这个财产纠纷案例并不复杂，却不普通。不复杂的是，夫妻双方就离婚后的财产处理问题，达成协议，财产处理非常明确。不普通的是，由于丈夫的财产被法院执行，最后，给妻子的补偿款被留存在法院，本来是妻子向丈夫追债，演变成妻子向法院索款。应该肯定的是，县法院在知道阿清应该给予阿锐50万元补偿款后，主动把其他案件中的执行款留下50万元来，让阿锐的财产权益有了实现的现实基础，这一点是很难得的，也很好地维护了阿锐的财产权益。虽然说，这50万元是变卖阿锐与阿清原来的夫妻共同财产所得的一部分，但也要看到，变卖时山场已经不是夫妻共同财产，阿清承诺支付给阿锐的50万，已经不是原始的夫妻共同财产分割，而是转化为阿清对阿锐的一种债务。从这个意义上说，如果法院把变卖山场的所有款项用于其他案件的执行，不留存下50万元，也很难说法院的做法不妥。

这个案件的成功处理，还在于对当事人的成功引导。维护合法权益，理由要正当合法，程序也要规范合法。在事件处理过程中，市、县妇联把是否合法的判断放在第一位，引入专业律师、心理医师志愿者协助，引导当事人理性表达诉求，通过法定途径维护自身权益。在多次的劝导后，阿锐接受了另行起诉解决问题的建议，虽然中间有些波折，但最后取得了预期的效果。如果阿锐不改变思路，一味地要求县法院直接把钱支付给她，在死胡同中不转身、不调头，问题永远得不到解决，最后她也会后悔。（评析人：陈秋鹏）

维权知识

★离婚诉讼中，夫妻财产分割如何照顾女方权益？

根据《婚姻法》的规定，对女方权益应当予以照顾的具体情形是：（一）离婚时，夫妻的共同财产由双方协议处理；协议不成时，由人民法院根据财产的具体情况，照顾子女和女方权益的原则判决。（二）夫妻书面约定婚姻关系存续期间所得的财产归各自所有，一方因抚育子女、照料老人、协助另一方工作等付出较多义务的，离婚时有权向另一方请求补偿，另一方应当予以补偿。（三）离婚时，如一方生活困难，另一方应从其住房等个人财产中给予适当帮助。具体办法由双方协议；协议不成时，由人民法院判决。

八、离婚协议有效力　一方反悔无依据

案情简介

阿凤是龙川县某单位职工，她与阿顺（下岗人员）于 1990 年经双方自由恋爱结婚，夫妻感情很好，育有一女。阿顺一直想要一个儿子，但按计划生育政策双职工只能生育一个小孩，阿凤在岗上班，指望她生子是不可能的，阿顺为此烦恼不已。2007 年初，求子心切的阿顺决定另起炉灶，提出要与阿凤协议离婚，并拟写了如下离婚协议：一，夫妻婚生女孩一名（16 岁）由女方阿凤抚养及监护，生活费用由男女双方共同负责，男方享有探视权；二，婚后房产一套（某单位宿舍 702 房）及房内财产均归女方阿凤所有；三，女孩由其自主选择随父母一方生活；四，男女双方婚后各自经手的债权债务，各自负责追还及偿还。以上协议由男女双方自愿订立，决不后悔。阿凤同意离婚，双方在协议书上亲笔签名后，于 2007 年 4 月到当地民政部门办理了离婚手续。

阿顺拿到离婚证的次日就反悔了，认为离婚协议书写明的房产和室内财产归阿凤所有不是其真实意愿，故赖在阿凤家中不走，多次到经办部门要求解决房产问题。阿凤万般无奈之下，给了他 6000 元，阿顺才搬出家门。但阿顺仍不满足，一纸诉状便将阿凤告到法院，请求判决：平均分割婚姻关系存续期间集资购买的一套住房及室内财产，阿凤在婚姻关系存续期间隐瞒的银行存款 27000 元归其所有。阿凤答辩称，婚姻关系存续期间 27000 元的存款中，包含其母亲和姐妹给的红包钱 8000 元，离婚后为让阿顺搬走给了他 6000

元，女儿花去 1600 元，现实际存款只有 11400 元。阿顺向法院提出书面申请，要求查实阿凤储蓄存款，经查证存款只剩 1085.65 元。

法院经审理认为：一，阿顺、阿凤订立的离婚协议经双方自愿签名确认，双方在办理离婚订立财产分割协议时不存在欺诈、胁迫等情形，该协议是双方的真实意愿的表示；二，婚姻关系存续期间银行存款 27000 元属夫妻共同财产，阿凤没有隐瞒存款的行为，女儿花去 1600 元，其余 25400 元应当每人一半，阿顺离婚后已领取 6000 元。根据《婚姻法解释（二）》第八条第一款："离婚协议中关于财产分割的条款或者当事人因离婚就财产分割达成的协议，对男女双方具有法律约束力"，第九条第二款："人民法院审理后，未发现订立财产分割协议时存在欺诈、胁迫等情形的，应当依法驳回当事人的诉讼请求"，法院判决阿顺只可分得存款 6700 元，驳回其平均分割住房及室内财产的诉讼请求。

但阿顺不服判决提起上诉称：离婚协议原意是房产和室内财产归阿凤和女儿使用，阿凤在转抄协议书时将"使用"篡改为"所有"，违背其真实意愿；阿凤支付 6000 元属于离婚时一次性给的补偿款，不应计入婚姻关系存续期间共有存款 27000 元的分割；阿凤应补偿其两年因没有住房的经济困难帮助款 3000 元。然而，阿凤对阿顺上诉是针锋相对，毫不让步，她答辩称：阿顺一心想生个男孩，制造事端逼我与他离婚，离婚协议有原稿证实；阿顺已经支取了夫妻共同财产（下岗补助款）3 万元，再要求分割存款和给予 3000 元经济困难帮助，是无理要求，应当撤销给付阿顺 6700 元的一审判决；请求判令阿顺归还已支付的 6000 元，并支付女儿抚养费每月 300 元。双方争财产官司发展至此，两人已经几乎是反目成仇了，均强烈要求二审法院依法公断。

河源市中级人民法院经审理认为，双方当事人对自愿离婚没有异议，争议焦点有四：一是 6000 元应不应该在夫妻共同存款中扣除；二是阿凤应否支付阿顺住房帮助款 3000 元；三是离婚协议书是否被胁迫所签订；四是阿顺应否每月支付女儿 300 元的抚养费。法院认定：6000 元是协议离婚后因阿顺反悔，经过两次交涉后阿凤才

无奈给付的，不是双方口头协议给予阿顺房屋及其他财产的补偿款，阿顺认为不应该在夫妻存款中予以扣除的主张缺乏事实依据，不予支持；阿顺要求补偿住房租金3000元，因双方是经过协议离婚的，对此没有约定，而且双方已经自愿到民政部门办理了离婚手续，因此，阿顺要求补偿住房租金理由不充分；阿顺认为离婚协议书是他被胁迫签订并被阿凤篡改的，但其未能提供证据证实，不予采信；小孩抚养费问题可另行主张权利。因此，中院终审判决驳回阿顺的诉讼请求，维持原判。

案例评析

本案中，阿顺求子心切逼妻协议离婚，签了协议离了婚后又反悔，觉得自己净身出户吃亏了，就找各种理由想扳回败局，然而他不断折腾的最终结果还是鸡飞蛋打了。此案例所涉及的主要是离婚协议书对夫妻财产处分的法律效力，其实这个问题并不复杂，法律对如何解决此类纠纷也有明确具体的规定。但在实践中，还是有许多人对协议离婚的法律后果没有正确认识，特别是在通过离婚协议书来处分夫妻共同财产时任性轻率而为，容易引发争议和纠纷。

本案中，阿顺求子心切，为快速依法解除婚姻关系，他以几乎净身出户的条件使阿凤同意协议离婚。协议书对夫妻共同财产分割和子女抚养作出了具体清楚的约定，阿顺却在领取离婚证后反悔去起诉，说明他要么是真不懂这约定是有法律效力的，要么是想以不是自己真实意愿为由挽回因自己任性轻率所必然导致的损失。但他的做法不可能达到目的。就第一点来说，《婚姻法解释（二）》第八条第一款规定，离婚协议中关于财产分割的条款或者当事人因离婚就财产分割达成的协议，对男女双方具有法律约束力。据此，双方发生争议纠纷进行诉讼时，法官在审理案件时不会因当事人不知法律有这条规定就支持其主张。就第二点来说，该司法解释第九条第二款也有规定，人民法院审理后，未发现订立财产分割协议时存在欺诈、胁迫等情形的，应当依法驳回当事人的诉讼请求。据此，除非当事人能充分举证来证明所订立的协议书，是欺诈、胁迫等造成的违背自己真实意愿的结果，否则法官不会支持协议无效的主张。

现实生活中，以协议离婚的方式来省却某些麻烦、规避某些限制的现象并不少见，甚至也存在双方以订立协议书"假离婚"来达到某个目的的情形。大家对其中的法律风险应当有足够的认识和警惕，一旦因此发生纠纷，可能事与愿违。由此，我们认为此案例对人们通过离婚协议处理夫妻共同财产有警示意义，不论当事人双方的动机怎样，双方订立的离婚协议书生效后，对双方都有法律约束力，不得反悔。（评析人：杨世强）

维权知识

★订立离婚协议的欺诈、胁迫是什么意思？

所谓"欺诈"，是指一方当事人为掩盖离婚的真实目的，采取欺骗和诈骗手段骗取另一方同意协议离婚的行为，即以向对方许诺暂时离婚再复婚为由，促使双方达成协议。受欺诈一方并无离婚的真实意愿，其实是受害人，但又与欺诈方共同欺骗了婚姻登记机关而取得离婚证。所谓"胁迫"，是指一方当事人以造成对方不利处境，或使其处于即时危险状态为要挟，迫使对方违背真实意愿同意签订协议书而离婚。比如，一方以将通奸资料散布出去为要挟，迫使对方不得已在离婚协议上签字。

根据法律规定，男女双方协议离婚后一年内就财产分割问题反悔，要求变更或撤销财产分割协议的，人民法院应当受理。人民法院审理后，未发现订立财产分割协议时存在欺诈、胁迫等情形的，应当依法驳回当事人的诉讼请求。实践中，法官一般会根据举证情况、生活经验等对离婚协议是否存在欺诈、胁迫情形作出公平判断。但如果一方不能举证证明另一方在签订协议时存在欺诈、胁迫的事实，法官就一般不认定，故平常一定要有获取证据、保存证据的法律意识。

九、再婚夫妻闹离婚 女方争产有依据

案情简介

2015 年 1 月 30 日，阿凤来到广东省妇女维权与信息服务站（茂名站），向工作人员诉说她的困境。2013 年 3 月，阿凤经他人介绍与阿海（离异，有成年子女 2 男 1 女）相识，并于同年 11 月 6 日办理了结婚登记。婚前阿海曾向阿凤承诺，会以夫妻名义购置新居并生儿育女，另行建立新家庭。婚后阿凤参与了阿海原有的客车载客生意经营，夫妻相处融洽，建立了良好的夫妻感情。不料，阿海于 2015 年 1 月 5 日突然向人民法院提起离婚诉讼，理由是夫妻婚前了解不够，婚后感情不和，阿海为其子与儿媳购房时房屋产权证没有写在阿凤名下，双方因此产生矛盾，导致夫妻感情彻底破裂。阿凤认为，阿海提出离婚只是一时之气，她坚决不同意离婚；如阿海坚决要求离婚，就应将婚后所有财产收益的一半分割给她。阿凤希望妇联能够协助劝说阿海不要离婚；如果他一定要离婚，希望帮助她争得应得的夫妻共同财产的份额。

服务站工作人员仔细了解阿凤的情况后，为其作出分析解答：一，阿海生育子女的承诺，是违反计划生育条例的无效承诺；二，阿海为其购房的婚前承诺，是赠与意向的表示，如果他实际上未购房并登记在其名下，他是可以撤销该承诺的；三，阿海作为父亲为子女购房，是无可厚非的；四，根据《婚姻法解释（三）》第五条的规定，夫妻一方个人财产在婚后产生的收益，除孳息和自然增值外，应认定为夫妻共同财产，她请求分割婚后阿海所有财产的收益有法律依据；五，《婚姻法》第三十九条规定，离婚时，夫妻的共同财产由双方协议处理，协议不成时，由人民法院根据财产的具体情况，照顾子女和女方权益的原则判决。因此，阿凤应诉时可请求法院依法分割属于夫妻共同财产部分的财产份额。听了工作人员的专业性解答后，阿凤恍然大悟，更加迫切希望服务站能为她争取到应有的权益。

工作人员为此找阿海了解核实阿凤所述情况。阿海坚称夫妻感情彻底破裂，夫妻无共同财产，只愿意给予阿凤一些适当补偿。服务站工作人员见双方各执一词难以调解，就建议阿凤等待法院调查事实真相依法论断，指导她收集提供足够的证据来争取法庭支持她的维权主张。同时，服务站也积极跟进联系主审法官，努力为其争取合法利益。2015 年 2 月，法院对阿海诉阿凤离婚一案作出准予离婚的判决。主审法官告知服务站工作人员，法庭认定当事人的夫妻感情已经彻底破裂，故依法判离婚，认定女方婚后有参与男方客车经营，该项经营收入应当是夫妻财产的一部分，由当事人协议确定了具体金额的分割。随后，阿凤对服务站工作人员表示，她对离婚时所分得的夫妻共同财产的份额很满意，十分感谢妇联同志对她的帮助。

案例评析

一般情况下，再婚夫妻在夫妻财产问题上会面临着更多的矛盾冲突。一方面，再婚夫妻的双方或者一方或多或少都有一定的财产，但许多人并不是很清楚法律关于婚前财产属于个人所有的相关规定，认为对方不能擅自处理婚前财产，容易产生不满和意见。另一方面，再婚夫妻婚前属于个人所有的财产婚后并非一成不变，例如，该财产用于经营活动并且取得了很大收益时，一方如果还认为这些收益也是自己名下的财产，另一方往往不能接受而发生矛盾。本案中，阿海承诺过为阿凤买房，但真正买房时却是为其子而买，于是阿凤对他如此处理自己的财产心存不满，导致矛盾激化；阿海

起诉离婚，阿凤主张分割夫妻共同财产，阿海却一口回绝称双方没有共同财产。这些发生在阿海、阿凤身上的情形，其实是一般再婚夫妻在处理财产问题时比较常见的纠纷。

本案阿凤争产维权能取得成功的关键有二：一是有理有据，依法维权。妇联工作人员根据《婚姻法》第三十九条和《婚姻法解释（三）》第五条的规定，分析认为阿凤提出共同财产的分割是有法可依的，只要证据充分，就能得到法庭的支持。二是尊重司法的独立性，充分与办案人员协调沟通，适时发挥妇联组织维权的职能，帮助妇女争取最大权益，从合法、合情、合理等角度提出维权建议，既尊重案件事实和证据，又考虑到妇女权益保护的需求，最终得到了司法机关的理解和支持。本案对再婚夫妻处理婚姻纠纷也有启示意义，特别是对一般农村再婚夫妻来说，女方在毫无准备突遭丈夫起诉离婚时，往往因法律意识薄弱，没有足够的证据支持其请求，导致其在诉讼中处于弱势地位，使其合法权益难以依法得到有效维护。因此，再婚夫妻了解掌握基本的婚姻家庭法律知识，尤为必要。（评析人：杨世强）

维权知识

★夫妻一方个人财产的婚后收益的含义和内容是什么？

最高人民法院《婚姻法解释（三）》第五条规定，夫妻一方个人财产在婚后产生的收益，除孳息和自然增值外，应认定为夫妻共同财产。孳息是指由原物所产生的额外收益，通常分为自然孳息和法定孳息，自然孳息是依照物的自然性质而产生的收益物，比如母牛产下的小牛；法定孳息是依照法律关系产生的收益，比如出租房屋的租金。自然增值，是指该项财产因市场变化等而增值，与夫妻一方或双方为该财产投入物资、劳动、努力、投资、管理无关。比如个人婚前所有的房屋随着市场价格上涨而产生的增值。

除孳息和自然增值之外，夫妻一方个人财产在婚后产生的其他收益，均为夫妻共同所有的财产，因此范围很广。比如，夫妻一方的婚前个人所有的房屋，若在婚姻关系存续期间对该房屋进行了修缮、装修而使房屋产生增值，其增值部分就属于婚后产生的收益，是夫妻共同财产。

十、伪造假证称离异　欲借公证害老妻

案情简介

1982 年 12 月，阿英与阿业依法登记结婚。国家推行房改政策后，阿业购买了其所在单位的一套住房，夫妻俩还有一套宅基地房屋。阿英本以为自己的婚姻家庭生活一直会这样平平淡淡地过下去，谁知道无意中的一个发现，彻底改变了她的生活轨迹。2013 年上半年，阿英偶然发现丈夫阿业竟与一名叫阿珠的女性过上了同居生活，她开始还将信将疑，但经过查找各种蛛丝马迹，直至掌握了阿业与阿珠拍摄的婚纱照后，她才确信事情是真的。然而，令人伤心欲绝的事情真相还在后面。阿英经过一番调查后发现，丈夫阿业竟然就在自己眼皮底下做出了匪夷所思的事：阿业伪造了离婚证，并凭伪造的离婚证到所在地户籍登记机关，申请办理了户口簿"婚姻状况"一栏变更登记，将"已婚"改为"离婚"。他又持伪造的离婚证和变更登记后的户口簿，到公证处申请办理了一份遗嘱公证书，声称：2010 年 2 月 16 日已经与阿英离婚；其名下的两套房屋是个人财产，跟阿英没有关系；在其去世后，该两套房产由婚生儿子继承。阿英怎么也想不到，结婚三十多年的老伴，不仅出轨，还瞒天过海地和自己"离婚"了，并且计划着通过公证方式彻底剥夺她的夫妻财产权益。

2013 年 11 月，阿英来到湛江市妇联求助。市妇联维权干部在详细了解阿英的情况后，约谈了阿英，和她认真研究讨论怎样才能维护好她的合法权益。工作人员提出了需要阿英作出决定的主要问题：一是阿业的行为已经触犯《刑法》，涉嫌犯重婚罪、伪造国家机关证件罪，可以到公安司法机关控告他，但阿业已经年逾70，如果控告阿业犯罪可能会把双方矛盾进一步激化扩大，不利于事情的有效解决，而且要走严格的刑事诉讼的司法程序，时间比较长才会有结果。二是阿业的行为也违反了《婚姻法》，具有转移夫妻共同财产的严重违法行为，可以阿业有重大过错为理由向法院提起离婚诉讼，争取尽量多地分割夫妻共同财产。对此，妇联工作人员认为，阿业的行为已涉嫌犯罪，但他们俩目前最迫切需要解决的主要还是夫妻共同财产的矛盾纠纷，建议阿英尽快提起离婚诉讼。阿英接受了起诉离婚的建议，但她当时确实存在经济困难，又不符合申请法律援助的条件。于是，妇联邀请法律志愿者、专业律师协助阿英维权。

随即，妇联工作人员和专业律师指导阿英，在第一时间内把阿业伪造的离婚证、转移财产的遗嘱公证书、阿业的户口本全部复印，取到阿业与阿珠拍摄的婚纱照等证据；然后协助阿英到婚姻登记处进一步核实了离婚证的真假，到公证处、公安派出所了解阿业办理遗嘱公证、将户籍登记资料中"婚姻状况"一栏由"已婚"变更为"离婚"的详细过程。在掌握了所有证据后，阿英向湛江市某区人民法院提起离婚诉讼，并申请了财产保全。2014年3月，区人民法院经开庭审理认定，阿业在婚姻关系存续期间与异性保持同居关系，以伪造离婚证的方式办理公证处理夫妻共同财产，阿业存在过错。据此，作出一审判决：准予阿英与阿业离婚，价值70多万元的房改房归阿英所有。阿业服判，没有上诉，并在判决生效后履行了判决内容。最终，阿英依法分得了大部分夫妻共同财产。

案例评析

本案中，阿业的行为同时违反了刑事和民事法律规定。阿英向妇联求助，如何做才能最有效维护权益，这既需要当事人仔细考量，也需要妇联维权干部给出合理的意见建议。面对个案的特殊性

与婚姻感情的复杂性，当事人作出离婚与不离婚的决定，都不免要费一番波折，我们永远无法给出一个标准唯一的答案。但是，从求助人的自身实际情况出发，从化解矛盾和维护社会和谐稳定角度出发，提出合理建议给当事人自主选择，这是妇联应秉持的态度和原则。

通过诉讼离婚，法院很多时候不会轻易依职权自行调查取证，当事人要自己解决财产分割、损害赔偿的取证举证等现实问题，特别是夫妻共同财产分割，这个时候当事人的举证极其重要。本案中，阿英之所以在离婚诉讼中最终分得了大部分的夫妻共同财产，关键是取得了阿业与婚外异性拍摄婚纱照、伪造离婚证、以遗嘱形式处分夫妻共同财产的有效证据，法院据此"铁证"认定阿业存在过错。

所谓婚姻关系中的过错，是指一方违反法律规定的义务或通常的道德标准，或对另一方实施侵权或不道德行为，导致另一方受到不同程度损害的行为。婚外情、家庭暴力、不良恶习等都属于过错。《婚姻法》第四十六条也对过错方应当承担的法律责任作出了相关规定。但实践中，无过错方在离婚诉讼中往往难以多分财产，这是因为绝大多数无过错方难以承担举证责任。本案中，为阿英维权是妇联干部和律师在妇联信访的"服务主业"，如何引导妇女维权，顺利地完成维权过程中涉及的具体事务，显然缺少不了法律专业人士的帮助。妇联维权干部对婚姻家庭的法律、政策的具体规定掌握得比较全面，但妇联本身缺少优质的律师资源提供维权服务，很难全程跟踪服务到维权的每一具体环节和每一项具体事务。在妇女儿童权益受到侵害但不具备申请法律援助条件时，怎么样为其提供优质的律师资源，本案提供了有益的尝试：充分发挥志愿者的作用，邀请志愿者律师帮助维权，让不符合法律援助条件但又有一定实际困难的群体可以得到充分、有效的法律服务。（评析人：陈敏斌）

维权知识

★什么是离婚损害赔偿？

离婚损害赔偿指的是，在离婚时或离婚后，无过错方在法律规定的范围内对导致离婚的过错方有权请求损害赔偿。它是制裁导致婚姻破裂的过错方、保护无过错方的合法人身、财产权利的一项法律制度。根据《婚姻法》规定，一方有重婚、同居、家庭暴力、虐待遗弃行为导致离婚的，另一方可以请求判令其给付精神损害赔偿。

此外，《最高人民法院关于人民法院审理离婚案件处理财产分割问题的若干具体意见》规定，审理离婚案件对夫妻共同财产的处理，应当依法照顾无过错方。

02/房产纠纷篇

一、财产约定用得巧　婚前房产可分割

案情简介

阿芳与阿炳经人介绍认识，于2010年5月登记结婚。在两人认识前，阿炳离过一次婚，名下有一套房产。由于婚前缺乏了解，婚后才一个月，阿炳就恬不知耻地告诉阿芳其在外面有第三者，且第三者还怀了他的孩子。阿芳知道真相后，内心十分痛苦，但仍旧希望阿炳能够悔改，维持家庭的完整性。然而两人每次谈及此事，阿炳不仅没有半点悔意，还经常对阿芳恶言相向，甚至拳打脚踢。为此，阿芳曾多次报警，并经检验为轻微伤。面对丈夫的恶劣行径，阿芳自觉束手无策，无奈之下前来广州市某区妇联求助。当时的阿芳已经对这段婚姻心灰意冷，但又怕自己离婚后居无定所。区妇联的工作人员了解了她的情况后，指派妇联的法律顾问何律师为其提供法律咨询服务。

何律师了解情况后，为其作了详细的解答，对于其感情破裂的问题，由于阿炳长期在外有婚外情并且对阿芳实施家庭暴力，因此构成了法定的感情破裂的情形，法院可以判决离婚；关于财产问题，由于阿炳名下房产是婚前购置，因此不属于夫妻共同财产，除非婚内两人达成关于财产约定的协议，约定阿炳婚前房产归女方所有，且办理了过户手续，则可以改变房产的归属，女方方可取得阿炳婚前房产的产权。阿芳听后若有所思。阿芳离开前，妇联工作人员同时叮嘱阿芳要注意保存阿炳实施家庭暴力及婚外情的证据，包括报警回执、验伤报告、医院的病历、阿炳自书的保证书等。半年后，阿芳再次来到区妇联，表示其已与阿炳就其婚前房产归女方所有达成协议，并办理了过户手续，但目前夫妻感情状况并未好转，并向妇联工作人员表明要起诉离婚，希望何律师能帮助代理诉讼离婚事宜。

2011 年 4 月 28 日，阿芳正式委托何律师为其代理与阿炳离婚纠纷一案。何律师与阿芳就本案做了深入的了解和沟通，结合婚外情和家庭暴力两个方面的证据及其夫妻财产约定协议，于 2011 年 5 月 10 日向区人民法院提起离婚诉讼。2011 年 6 月 14 日，区人民法院某镇法庭开庭审理本案。庭审中，阿炳拒不承认其对阿芳实施家庭暴力，也不承认有婚外情，并认为涉案房屋是阿炳个人的婚前财产，是阿芳之前不断纠缠才过户至阿芳名下的，并且当时是以不离婚作为条件的，该房产应判决归阿炳所有，退一步来讲，即使不归阿炳所有，由于该房产是两人婚姻关系存续期间过户的，至少也应作为夫妻共同财产处理。何律师就此进行了据理力争，并就我国婚姻法及司法解释对夫妻财产约定的规定进行了详细的阐述，而且婚后双方是以财产协议书的方式将阿炳的婚前房产赠与阿芳，并且该房产已经过户至阿芳名下，因此无论是从婚姻法及司法解释的规定来讲，还是从合同法的赠与角度来讲，该房产都属于阿芳的个人财产，法院不应对此进行处理，更不应判决房屋归阿炳所有。2011 年 11 月 8 日，区人民法院作出民事判决书，判决准予阿芳、阿炳离婚，并基于阿炳婚外情及家庭暴力行为，判决被告阿炳赔偿原告阿芳 20000 元，至于涉案房产，一审法院未将其作为夫妻共同财产处理。后阿炳不服，起诉至广州市中级人民法院，广州市中级人民法院于 2012 年 6 月 8 日作出了终审判决，驳回上诉，维持原判。

但此后阿炳并未就此罢休，于 2012 年 6 月 20 日向区人民法院起诉，要求撤销其与阿芳于 2010 年 9 月 10 日签订的《财产协议书》，并将协议所涉房屋产权登记变更到阿炳名下。但经过双方庭审交锋后，阿炳自知此诉求无法得到法院支持，于 2012 年 8 月 8 日向法院申请撤诉，次日法院作出民事裁定书准予阿炳撤诉。撤诉后，阿炳放弃了要求将该房产归其个人所有的打算，改为要求按夫妻共同财产分割，并于 2012 年 9 月 28 日再次向区人民法院起诉，要求将涉案房屋按照夫妻共同财产来进行分割。庭审中，阿炳诉称涉案房屋是其个人的婚前财产，离婚诉讼的判决是错误的，退一步讲，即便该财产不能视为个人财产，也应当按照夫妻共同财产进行分割。何律师则坚持认为该房屋是经双方协议赠与阿芳个人的，并已做过户登记，赠与行为已经完成，依法属于阿芳的个人财产，阿炳无权分割，且离婚诉讼时，一、二审法院均未将其作为夫妻共同财产来进行分割，阿炳要求将房屋以夫妻共同财产来进行分割已经违反了一事不再理的原则，故应驳回其诉讼请求。2012 年 11 月 9 日，区人民法院作出民事判决书，判决驳回阿炳的诉讼请求。后阿炳不服，上诉至广州市中级人民法院，广州市中级人民法院于 2013 年 5 月 6 日作出了终审判决，驳回上诉，维持原判。至此这宗因离婚引起涉案房产之争的案件，在长达 2 年之久后终于彻底终结，阿芳最终不但得以诉讼离婚，还取得了阿炳婚前房产的所有权，最大限度地维护了自身的合法权益。

案例评析

据不完全统计，广州市某区每年有 300 多名的妇女以不同形式到区妇联信访，其中大部分的情形和阿芳差不多，都是丈夫有家庭暴力行为以及有婚外情。对此，有些妇女为了维持所谓的家庭完整性选择忍气吞声，在痛苦中熬日子；有些妇女毅然选择离婚，然而由于房产是丈夫婚前购买的，离婚时无法要求分割房产，而失去了固定的住所，生活得不到保障。

根据婚姻法以及司法解释的精神，夫妻间可以以夫妻财产约定的形式将夫妻一方的婚前财产转变为另一方的个人财产，其中当然也包括房产。本案例中的妻子正是利用夫妻财产约定的规定，通过书面协议并过户的形式将丈夫的婚前房产转变为了其个人财产。

本案尽管诉讼跨度时间长达两年多，丈夫不断变换诉讼思路，先是在离婚诉讼中力争房产，后又以合同纠纷效力要求返还房产，

最后以夫妻共有房产分割形式起诉，但均无法改变房产因书面协议和过户已属妻子个人财产这一合法性。作为婚姻类案件来讲，本案诉讼历时很长，案情也比较复杂，涵盖了离婚纠纷、离婚后财产纠纷两个部分，且两个纠纷都经历了一审和二审。虽然耗时很长，也穷尽了诉讼程序，然而最终的结果是可喜的。本案的最大争议点就在于阿炳以夫妻财产约定的形式将房产过户给阿芳后，该房产的权属问题。女方维权经办律师始终把握住了案件的重心，而阿芳也积极收集对方家庭暴力、婚外情行为的证据，勇敢应对诉讼，最终脱离了被丈夫家暴的苦海以及丈夫婚外情带来的精神折磨。而且，房产归阿芳后，其今后的生活也有了保障，最终达到了预期的诉讼目的。

本案具有一定典型意义和借鉴作用，同时也启示其他正在遭受不法侵害的妇女们，在权利受到侵害时不要一味地忍气吞声或者哭诉，要积极去寻求解决问题的办法，懂得及时寻求妇联及其他相关部门的帮助，并向专业的法律人士咨询，采取理性、科学的策略，积极地维护自身的合法权益。（评析人：刘晓丽）

维权知识

★什么是夫妻约定财产？

夫妻约定财产，是指夫妻双方通过书面形式，约定双方或一方在婚姻关系存续期间所得的财产，以及双方或一方的婚前财产的归属。根据《婚姻法》的规定，夫妻可以约定婚姻关系存续期间所得的财产以及婚前财产，归各自所有、共同所有或部分各自所有、部分共同所有。双方可以约定的具体内容没有限制，但约定应当采用书面形式，没有书面约定，或者虽然有书面约定但约定不明确的，按夫妻共同财产处理。夫妻约定财产，是一项法律行为，夫妻对婚姻关系存续期间所得的财产以及婚前财产的约定，对双方具有约束力。

二、老公买房赠情人　老婆起诉追房款

案情简介

明诚是一家企业的高管，收入丰厚，且人到中年，颇有成功人士的派头和魅力，妻子惠敏原来在一家上市公司任职，因此夫妻俩的收入相对一般家庭要好很多。两人于 1998 年结婚后买了一套房，2004 年大儿子出生后夫妻俩的生活、工作都很顺利，又陆续买了 4 套房，小日子过得羡煞旁人。由于两人都是独生子女，在国家允许独生子女家庭生育二孩的政策出台后，两人决定再生一个孩子，于是二儿子来到了这个家庭。但是很不幸，第二个孩子患有先天性疾病。因为没有经济收入的后顾之忧，惠敏为了更好地照顾孩子和家庭就辞了职，专心做起了相夫教子的家庭主妇。

明诚在一次朋友聚会上，认识了比自己小 20 岁的乔妍。明诚风度翩翩、事业有成，乔妍样貌标致、讨人喜欢，两人互相吸引，并很快发展成为情人关系。不久，乔妍要求明诚和她结婚并给她出资买房子。为表达对情人的真心，明诚回家后以打算和朋友合伙开公司需要资金为由，欺骗惠敏同意把他们共有的一套房子出售。卖房款共 100 万元，明诚将 30 万元给了惠敏，其余 70 万元则转账给了乔妍买房。乔妍以自己的名义在市区购买了一套房屋，办理完房屋登记手续后不久，乔妍即以年龄相差太大为由向明诚提出分手。明诚遂觉悔不该当初，多次向乔妍索要房款，乔妍则回答称："钱是你送给我的，房子的产权证也是我的，我凭什么要还给你钱。"而此时，惠敏发现了明诚其实并没有和朋友合伙开公司，也从朋友处听到一些丈夫有"小三"的风言风语。为了弄清楚情况，惠敏直截了当地向丈夫摊牌，要求丈夫说明一切。在妻子的急切追问下，明诚知道再也无法隐瞒，只得向妻子坦白了真相。

惠敏是个要强的女子，她无法忍受丈夫的背叛，不愿意和丈夫勉强维持夫妻关系。但她也清楚地意识到，还有两个孩子要抚养，一个还是重度残疾，她不知道该怎么办才好。在经过一番激烈的思想斗争后，惠敏向丈夫提出了离婚，平分夫妻共同财产，并要求明诚追回送给乔妍的那部分财产。但是，乔妍拒绝返还 70 万元购房款，事情根本无法协商。在朋友的建议下，惠敏来到妇联咨询，看能否通过起诉离婚将乔妍名下的房产作为夫妻共同财产进行分割。

妇联维权干部热情接待了惠敏，认真倾听了惠敏的陈诉，帮助她分析目前所处的境况，解释夫妻共同财产的有关法律规定。由于房产产权登记在乔妍名下，在法律上并不是惠敏和明诚的夫妻共同财产，因此惠敏通过与明诚打离婚官司的途径，不可能争回该房产的所有权，惠敏要维护自己的合法权益，必须改变思路。妇联工作人员建议惠敏分两步走：第一步是先寻求丈夫的配合，取得丈夫为情人出资购房的相应证据，如银行转账证明等，然后夫妻二人作为共同原告将乔妍告上法庭，请求法院判令乔妍返还购房款；第二步是惠敏再提起离婚诉讼，请求分割所有共同财产。惠敏接受了妇联工作人员的建议，随后聘请律师接连提起了追款之诉和离婚之诉，通过法律途径维护了自己的合法权益。

案例评析

本案涉及的主要夫妻财产问题有两个：一是婚姻关系存续期间，配偶一方未经另一方同意，私自将夫妻共同财产赠与他人，该行为的法律效力如何？二是不知情的配偶该如何维护自己的权益？对此，惠敏虽然不甚清楚，但她遇事冷静，懂得及时向外界寻求应对之策，在自己的努力和外界的帮助下争取自己应得的权益，这是很值得肯定的。

根据婚姻法的规定，夫妻之间有家事代理权，但非因日常生活需要对夫妻共同财产作处理的，仍应由夫妻双方协商解决。本案中，丈夫明诚在妻子惠敏不知情的情况下将夫妻共同财产70万元赠与了情人乔妍，而情人乔妍明知这种赠与行为不可能得到明诚的妻子惠敏的认可，所以情人乔妍并非是法律规定的善意第三人，丈夫明诚的赠与行为属于无效行为，妻子惠敏可行使撤销权，请求法院撤销明诚的赠与行为，要回该70万元。

根据我国相关法律规定，房产的所有权是以物权登记为准，明诚为情人购买的房子，只登记在乔妍个人名下，他并没有取得该房产的所有权。因此，惠敏若只是提起离婚诉讼请求分割夫妻共同财产，法院只能依法处理其夫妻名下的财产，不会解决明诚情人名下的房产归属问题。因为将乔妍名下的财产作为夫妻共同财产来分割，是没有法律依据的。

　　据此，惠敏不能直接在离婚诉讼中要求法院处理登记在第三人名下的房产，她只能先提起撤销之诉，请求法院撤销丈夫明诚的赠与行为。因乔妍已经用明诚赠与的 70 万购买房产并登记在自己名下，惠敏必须先将房产追回并纳入夫妻共有财产范围，才能在离婚诉讼中要求法院一并分割该 70 万元。如担心乔妍无法退还该 70 万元，她在提起撤销之诉时可申请法院对该房产作财产保全。

　　现实中，类似明诚这样有点钱后就"花心"的丈夫并不罕见，男方为讨"小三"欢心，瞒着女方将大额夫妻财产私赠"小三"引起纠纷的案例时有发生。本案中，惠敏很不幸地就遇上了这样的丈夫，但同时她也还算幸运，丈夫明诚良知未泯，知道悔改，愿意配合追回房款。我们遇到的更多情形，则是丈夫与"小三"狼狈为奸，一起祸害妻子。因此，妻子一旦遭遇"敌情"，发现配偶处理财产有异动后，一定要理智地面对和处理问题，及时保存相关线索证据，以免后续的维权陷入被动。因为从法律上讲，配偶一方将夫妻共有财产私下赠与第三人，不知情配偶发现后欲维护合法权益，主要还得靠持有合法有效的证据，甚至有时还得配偶配合取证。本案中，妻子惠敏遇事冷静，能理智分析自己的境况，搞清楚自己真正想要什么后懂得寻求外界帮助。这也给大家一个启示：如果只是"一哭二闹三上吊"，不懂得及时保存证据，往往最终无法有效维护自己的合法权益。（评析人：刘晓丽）

维权知识

★什么是夫妻财产的平等处理权？

　　《婚姻法解释（一）》第十七条规定，夫或妻对夫妻共同所有的财产有平等的处理权，应当理解为：（一）夫或妻在处理夫妻共同财产上的权利是平等的。因日常生活需要而处理夫妻共同财产的，任何一方均有权决定。（二）夫或妻非因日常生活需要对夫妻共同财产做重要处理决定，夫妻双方应当平等协商，取得一致意见。他人有理由相信其为夫妻双方共同意思表示的，另一方不得以不同意或不知道为由对抗善意第三人。

三、房产私下赠小三　原配维权终追回

案情简介

2013 年 5 月，阿琴老公阿泉突发脑部疾病入院进行手术抢救。在脑部手术前夕，阿泉向妻子阿琴坦白了自己十几年前欠下的一宗孽债：1997 年阿泉做生意出差外地时，结识了当地的一名洗头妹阿英，当年 20 岁不到的阿英情窦初开，随即委身于大她 20 岁的阿泉。1998 年，阿英为阿泉生下一个男孩，阿泉喜出望外，于是阿英提出要阿泉给她买一些房产、商铺等，否则就向其妻子告发。阿泉不得已背着妻子阿琴，偷偷地拿钱相继购买了一套房子、一个商铺作为礼物赠送给阿英，产权都登记在阿英个人名下。后来，阿英嫁给了现任丈夫，两人结婚后又生了一个女孩，如今共同居住在阿泉送给阿英的房子中。时光荏苒，一转眼，阿泉和阿英的非婚生子已上初中。阿琴见老公在生命垂危之际坦诚说出此事，真是又气愤又心疼，结婚近二十年了，想不到阿泉背着她欠下如此孽债，但她没有被击倒，她仍跑前跑后无微不至地照顾着丈夫，直至他康复出院。

2014 年 4 月，阿琴决心通过法律途径来追回丈夫私赠的房子和商铺，坚决维护自己的合法权益。于是，阿琴聘请律师一纸诉状将丈夫阿泉和阿英告上法庭，要求人民法院确认阿泉的赠与行为无效，判令阿英返还受赠的所有财产。阿泉收到人民法院的传票后，表示愿意配合法庭说清楚事情的来龙去脉。阿英为应对巨额财产可能得而复失的不利结局，也聘请了律师助阵。于是，阿琴以配偶身份主张夫妻共同财产被阿泉非法转移，房产赠与无效应当依法撤

销；阿英则主张取得房产是一方自愿赠与和一方接受赠与的结果，双方意思表示真实，房产已登记在自己名下，合同履行合法，不能撤销。在法庭上，双方围绕争议焦点举证，据理力争，因阿泉临阵倒戈，被告席上的阿英一方明显处于劣势。最终，法院认定阿泉的赠与行为无效，判决阿英向阿琴返还受赠的财产，阿英服判未上诉，阿琴如愿以偿。

案例评析

本案中，阿琴在丈夫生命垂危时才得知自己感情被背叛、财产被侵害，她决心追回丈夫私赠的房产，最终取得成功很不容易。阿泉赠与阿英房产、商铺一事发生在十几年前，物业登记在阿英名下，因此必须证明涉案的房产、商铺是阿泉自己付款购买的。取证十分关键。阿琴在律师的帮助下，提供了丈夫阿泉（澳门居民）当初出入海关时的回乡证，该证有携带钱款的记录，且所记载的金额和时间，与购买上述物业的价格、时间能相互印证。阿琴又补充提交了电子录音证据，证明阿泉与阿英间存在不正当的男女关系，录音中阿英亲口承认"我没有出钱，房子写我的名，是我帮你（阿泉）保管"。主审法官采信了阿琴所提供的这两项证据，再综合本案其他证据最终认定购买涉案物业的款项均出自阿泉。

除了要证明阿泉出资购置涉案房产外，对本案中涉及的几个法律问题如何分析判断，也十分重要。第一，阿泉对阿英的赠与行为是否有效？阿泉未征得妻子阿琴的同意，在妻子不知情的情况下，擅自将夫妻共同财产赠与他人，其行为侵害了阿琴对夫妻共同财产的平等处理权。根据婚姻法的规定，夫妻对共同所有的财产有平等的处理权，对夫妻共同财产做重要处理决定，夫妻双方应当平等协商，取得一致意见。因此，阿泉私赠房产的行为违反了婚姻法的规定。虽然，法律也规定要保护善意第三人的权利，即他人有理由相信其为夫妻双方共同意思表示的，另一方不得以不同意或不知道为由对抗善意第三人，但本案中的阿英是善意第三人吗？从两被告相识和此后发生的系列事实看，当时两人年龄相差悬殊，并非以追求合法婚姻为目的正当交往，二者属于典型的包养关系。阿英也非常清楚这一点，在非法生子后即向阿泉索取巨额财物，其行为不符合正常男女交往情形，违背社会公德，阿英主观上不具有善意。因此，人民法院认定被告阿泉赠与阿英财产的行为无效。第二，认定私赠夫妻共同财产行为无效的法律依据是什么？主要是婚姻法以及最高人民法院关于适用婚姻法的司法解释。根据这些规定，夫妻共同财产在婚姻关系存续期间是一个不可分割的整体，夫妻双方对共同财产具有平等的权利，这是夫妻人身关系方面男女平等原则的重要体现。因日常生活需要而处理共同财产的，任何一方均有权决定，非因日常生活需要对夫妻共同财产做重要处理决定的，夫妻双方应当平等协商，取得一致意见。夫妻一方擅自将共有财产赠与他人，属于对共有财产的处分，因未经配偶同意，故处分行为无效；

赠与人的配偶向人民法院主张返还的，应予支持。因此，本案中阿琴请求确认阿泉的赠与行为无效、判令阿英归还非法所得的房产，法院予以支持有充分的法律依据。第三，返还被非法处分的夫妻共同财产，是否一定要返还房产原物？本案中，涉案房产是十几年前购置的，至阿琴主张权利时已经有大幅度升值，是按原价返还购房款还是直接返还房产，存在很大争议。对此，法院认为从社会公德角度考虑，因被告阿泉有配偶而与第三者阿英发生性关系并育有一子的事实，违背了社会公德，如认定将上述两处物业返还给原告，等同于被告阿泉因其不当行为而从房屋增值中获益，这种"人财两得"的示范效应，与婚姻法的立法本意相违背，不利于社会风气的正面引导和家庭的和谐稳定。因此，人民法院判决阿英返还当初阿泉赠与的款项而非返还房屋实物，双方当事人都认可接受。

现实中，夫妻一方擅自将夫妻共同财产无偿赠与第三者的现象并不罕见。这种行为损害了另一方的财产权益，而且由于第三者是无偿取得财产，不符合"善意取得"的构成要件，多数情况下这种赠与是损害社会公共利益、违反公序良俗、挑战道德底线的行为。因此，当原配申请撤销时，法院就会认定赠与第三者财产的行为无效。本案也提示，天上不会掉馅饼，地上可能有陷阱，当对方甜言蜜语送你房子、车子，让你当第三者时，要知道，这些财产终究会被追讨回去。（评析人：杨世强）

维权知识

★什么是法律上的赠与行为？

赠与行为，是赠与人将自己的财产无偿给予受赠人、受赠人表示接受的一种行为，实质是财产所有权的转移。根据合同法的规定，赠与一般为实践合同，即赠与人在赠与财产的权利转移之前可以撤销赠与，但如果具有救灾、扶贫等社会公益、道德义务性质的赠与合同，或者经过公证的赠与合同，则不可以撤销。在夫妻关系中，除了日常生活需要的消费外，处分夫妻共同财产时，夫妻双方应当协商一致，任何一方均无权单独处分夫妻共同财产。夫妻一方未经对方同意将共同财产赠与第三人，另一方以侵犯共有财产权为由请求第三人返还的，人民法院应予支持。

四、离婚房产没过户　前夫使坏出损招

案情简介

　　阿凤是某县城的一名环卫工人，1993 年与村民阿福登记结婚，婚后于 1996 年和 1997 年生育长子阿华和次子阿润。2003 年 4 月因阿福有外遇，两人签订《离婚协议书》办理了离婚手续。《离婚协议书》约定，夫妻共同财产（包括某县城某村 6 号楼房及房内财物）归女方所有，当时因阿福暂无房居住，而且两个儿子还比较小，阿凤顾念曾经的夫妻情分，同意让阿福暂时居住在自己家中。于是，离了婚的两个人，仍在同一屋檐下过着离婚不离"家"的生活。更糟糕的是，阿凤慢慢习惯了这样的日子，一直未去办理房产过户变更手续，按双方离婚协议分割财产所得的房产，仍登记在阿福名下。

　　但阿福却不似她这样糊涂，他一边维持着貌似一家人的生活，一边新建了四层楼房，并哄骗阿凤搬进新楼居住。等阿凤搬去新楼居住后，阿福就着手私底下变卖原《离婚协议书》中约定属于阿凤所有的房产。办完房屋出售手续后，阿福露出本来面目，要求阿凤立即搬离自己的新楼，阿凤见不得他盛气凌人的样子，毫不犹豫就收拾好东西准备离开。但万万想不到的是，就在她准备搬回自己的旧屋时，发现房子竟然有人居住了！直到这时，阿凤才得知阿福已经于 2013 年 2 月将该房屋以 20 万元的价格卖给了不知情的第三人，而且已办理了房产变更手续。阿凤顿时面临房财两空的困境。阿凤多次向阿福讨要自己的财产，阿福勉强给其 4.7 万元后，就以各种理由

不再支付房产变卖的剩余所得，无奈之下阿凤来到县妇联寻求帮助。

县妇联维权干部倾听了阿凤的诉求后，了解到她是一名环卫退休工人，且身患多种疾病，就为她提供了法律援助。县妇联积极协助阿凤收集、整理相关证据，代拟诉状，向县人民法院提起诉讼，要求阿福返还售房全部价款 20 万元。法院最终判决阿福支付阿凤剩余房屋出售款 15.3 万元，至此阿凤的合法权益得以维护。

案例评析

严格说来，本案并非夫妻之间的一般财产分割纠纷，而是一宗非所有权人采取欺骗手段非法处分他人财产的侵权纠纷，即阿凤根据双方《离婚协议书》已经合法取得了房产所有权，却被前夫变卖了，由此引发了侵权纠纷。但本案对于一般夫妻财产的处理，仍然有着重要的启示意义，此案提醒人们对待离婚分割财产权益的处理，务必要及时妥当地按法律规定的程序办理，否则，分割所得的财产也有可能遭受侵害和损失。

本案中，妇联维权干部之所以能全力支持阿凤维权，是因为她们对阿凤所陈述的事实和《离婚协议书》的法律效力有一个正确的判断。按照《婚姻法解释（二）》的第八条规定，离婚协议中关于财产分割的条款或者当事人因离婚就财产分割达成的协议，对男女双方均有法律约束力。据此规定，依照阿凤和阿福双方签订的《离婚协议书》，阿凤应当取得该房产的所有权。该《离婚协议书》是双方对夫妻共同财产的处分行为，实质上也是一份约定了不动产物权的合同。依据《物权法》第十五条规定："当事人之间订立有关设立、变更、转让和消灭不动产物权的合同，除法律另有规定或者合同另有约定外，自合同成立时生效；未办理物权登记的，不影响合同效力。"所以，阿凤虽然没有去办理按协议分得的房产的过户登记手续，即未办理物权登记，但是她按照协议取得该房产所有权是没有问题的。

但阿凤想把房产要回来自己居住的愿望，只能落空了。因为尽管阿福是瞒着阿凤将房子出售，他卖房是无处分权的行为，但买方并不知情，他作为买房人是属于支付了相应价款的善意受让人，法律应当保护他的权益。对此，《物权法》第一百零六条规定："无处分权人将不动产或者动产转让给受让人的，所有权人有权追回；除法律另有规定外，符合下列情形的，受让人取得该不动产或者动产的所有权：（一）受让人受让该不动产或者动产时是善意的；（二）以合理的价格转让；（三）转让的不动产或者动产依照法律规定应当登记的已经登记，不需要登记的已经交付给受让人。受让人依照前款规定取得不动产或者动产的所有权的，原所有权人有权向无处分权人请求赔偿损失。"阿福、阿凤两人已离婚数年了，却一直居住生活在一起，外人在不知情的情况下购房，支付了合理价格，且办理了房产相关变更手续，应当属于善意第三人，取得了房产所有权。因此，阿凤不能向善意第三人讨回房产，只能向阿福追回损失。

现实生活中，很多人并不知道，房产等不动产变更权益，需要办理变更登记才能确保权利。本案中的阿凤，在离婚之初，未及时办理土地使用证、房产证等物权变更登记手续，才导致前夫卖房的事实发生，自己险些落得房财两空，好在她还握有一纸《离婚协议书》，且懂得寻求妇联帮助，最终通过法律途径追回了损失，但房产已不再属于她是无法挽回的事实。要避免类似的事情发生在自己身上，当引以为鉴。（评析人：郭惠银）

维权知识

★什么是物权？

根据《物权法》的规定，物权是指合法权利人依法对特定的物享有直接支配和排他的权利，包括所有权、用益物权和担保物权。

《物权法》所称的物，包括不动产和动产。不动产是指土地及其土地上的定着物，包括房屋、桥梁、地下排水设施以及长在地上的树木、农作物等。动产是指不动产以外的财产，如机器设备、车辆、动物、生活日用品等。房产等不动产物权是最为重要的物权，法律对不动产物权的效力有严格的规定：（一）不动产物权的设立、变更、转让和消灭，经依法登记，发生效力；未经登记，不发生效力，但法律另有规定的除外。（二）不动产物权的设立、变更、转让和消灭，依照法律规定应当登记的，自记载于不动产登记簿时发生效力。（三）当事人之间订立有关设立、变更、转让和消灭不动产物权的合同，除法律另有规定或者合同另有约定外，自合同成立时生效；未办理物权登记的，不影响合同效力。

五、男方网恋有过错　调解结案少分产

案情简介

这是一对刚刚年届五旬的中年夫妻，妻子爱华和丈夫志强都是所在单位的中层干部和业务骨干，深受领导器重，事业发展如日中天，儿子也在两年前考上了大学。在外人看来，他们夫妻俩的工作和生活都是那么美满幸福。但是，鞋子穿着舒服不舒服，只有脚才知道。妻子爱华如今的感受是，自己的婚姻家庭生活是那么的痛苦不堪。

当年，爱华与志强在最美好的青春年华相识、相恋，结婚生子后又分得单位一套60平方米的福利房。两人在工作和生活上互相支持，感情甚好，共同经营着自己的幸福小家庭，成了单位的模范夫妻。随着两人的收入越来越高，生活也越来越好，他们购置了一套110平方米的商品房和一辆日产轿车，还购买了不少保险。然而，就在时光平凡而安静地悄然流逝的时候，爱华发现志强经常外出至很晚才回家，她开始觉得奇怪，但也没有深究，只是随便问一问，丈夫推说是工作繁忙，便嘱咐他要注意身体。但这样的情形变得越来越频繁，爱华感觉丈夫变了，对家庭和自己漠不关心，对儿子不闻不问，不愿意承担家务，跟以前判若两人。丈夫甚至拒绝她的询问，一问就火冒三丈，夫妻关系因此日趋紧张。爱华肯定丈夫有事情瞒着自己，但是为了维持家庭的完整，给孩子一个良好的成长环境，爱华一忍再忍，但丈夫反而变本加厉。于是，爱华开始注意丈夫的一举一动，果然发现丈夫网恋了：他的衣服和提包里装有避孕套，多次携带避孕套出去找女网友吃饭、聊天、开房。爱华还发现，志强隐瞒了自己的工资、奖金等收入的真实情况，既不管日常家庭生活的开支，也不允许爱华过问他的收入和开销。当志强知道妻子在注意和调查自己时，十分恼怒，更加放纵自己，甚至故意在精神上折磨妻子。由此两人经常争吵，几乎是水火不容，连儿子也知道了父亲的出轨行为。

爱华因为丈夫的网恋出轨而身心俱损，得了一身病，久治不愈，她母亲也因耳闻目睹女儿的不幸而患上抑郁症。为彻底解脱痛苦，爱华在儿子上大学后，就立即对丈夫提出离婚和分割夫妻财产：商品房归自己，福利房归志强，其他财产平均分割。但志强拒绝了，他认为自己没有婚外情，对家庭尽了责任和义务，如果一定要离婚，所有财产应平均分割。爱华无奈之下决定起诉离婚，于是她来到广州市妇联咨询求助。

妇联志愿者邓律师给爱华提供了详尽的咨询指导。随后，爱华委托邓律师向广州市某区人民法院提起离婚诉讼。在庭审中，爱华想着为彼此留点面子，对志强的出轨行为有克制、有保留地进行了陈诉，但是志强激烈反驳爱华的理由和请求，表示如果一定要判决离婚，他答应离婚，但财产必须平均分割。由于双方分歧较大且都态度坚决，法庭没能调解成功，决定休庭择日再审。为了争取自己的合法权益，在第二次开庭前，爱华委托邓律师向法庭提交了她之前收集到的证据，证实志强确与多名女网友有开房、裸聊等不正当来往，对造成夫妻感情破裂有过错。迫于此证据的强大压力，志强终于同意调解，在法庭主持下，双方最终达成离婚和分割夫妻共同财产协议：爱华分得商品房（价值 200 多万元），补偿 10 万元给志强；志强分得福利房（价值 60 多万元）；其他各自名下的财产归各自所有。

案例评析

本案以调解的方式结案，使无过错方多分得了夫妻共同财产，

最大限度地维护了离婚无过错方的权益，效果非常好。在很多婚姻家庭纠纷案件中，由于一方违背婚姻忠诚义务导致夫妻感情破裂的占了很大一部分，而且过错方多为男方，如果硬性要求无过错方（通常为女方）按照《婚姻法》第四十六条、四十七条的规定提供充分证据，才能支持其诉讼请求，这对无过错方来说是非常困难的举证任务，很多女性也因此感到不公平。本案中，爱华充分利用收集到的一些证据，也能证实志强对婚姻不忠诚，对导致婚姻破裂有过错，据此在法律规定的大框架下，通过调解成功多分得了夫妻财产，维护了自己的合法权益。因此，这类案件以调解的方式结案最为有利。

经常有人以为，只要夫妻一方有过错（如有第三者、实施家庭暴力等），在离婚分割夫妻共同财产时，有过错方就应当不分或少分得夫妻共同财产，以体现对有过错方的惩罚。但是，在离婚案件的实际审理过程中，根据《婚姻法》第四十七条的规定判决的少分或不分共同财产，并不是过错行为与分割夫妻共同财产的依据，这条规定是对夫妻共同财产损害的后果责任，并不能想当然地将其与过错相提并论。其实，在没有夫妻财产协议约定的前提下，夫妻离婚时对夫妻共有财产的分割原则，一般是平均分割，如有一方能够提供证据证明一方在离婚期间转移或者侵占夫妻共同财产，可以就该部分财产予以少分或者不分。但是就婚外情而言，则需要确凿的证据证明过错方存在长期有第三者或者包养情人的过错行为。有证据证明的，则根据《婚姻法》第四十六条的规定，无过错方可以在起诉时请求损害赔偿。

当然，在司法实务中，法官会视过错方的过错程度，在自由裁量权下对该婚姻过错方少分夫妻共同财产。但前提是，无过错方能够提供证实过错方有过错的确凿证据。根据法律规定，证据包含当事人的陈述、书证、物证、视听资料、电子数据、鉴定意见、证人证言等，这些证据必须在法庭上进行质证后，才会予以确认或采纳。因此，无过错方在离婚诉讼中，如果想要让过错方承担不利的结果，就应主动积极地收集和掌握过错方的过错证据，例如过错方的改正保证书、第三者聊天承认的记录录音、照片或者合法场合内拍摄的视频等，据此可迫使过错方和解少分财产，或者要求过错方支付损害赔偿。（评析人：刘晓丽）

维权知识

★什么是离婚诉讼中的调解？

离婚诉讼中的调解，指的是法院受理离婚案件并在法庭开庭审理查明案件事实之后，在法庭主持下所进行的调解活动。法律规定人民法院审理离婚案件，应当进行调解。因此，调解是法院审理离婚案件的必经程序。适用调解程序的目的：一是防止双方草率离婚；二是让双方平和、妥善地处理离婚所涉及的各方面问题。由法庭主持进行调解，对那些夫妻感情尚未达到破裂程度的当事人，可以促使其平息怨恨敌对，珍惜婚姻关系，调解和好。即使和好不成，也可以调解离婚，双方达成离婚调解协议一般都能做到自觉履行，有助于解决财产和子女问题。离婚诉讼中的调解，必须当事人双方自愿，不得强迫，调解协议的内容不得违反法律规定。

六、自建楼房各一半 村委证明起风波

案情简介

小玲，40 岁，四川人。1993 年经人介绍认识大明，数月后摆酒成婚，婚后生育了两个儿子。大明很少承担家庭的开支，养家主要是靠小玲打工，后来小玲开了一间小店维持家庭生活。大明这两年开始工作，但工资未用于家庭生活，小玲因此对大明彻底绝望了，想着自己养活两个儿子成人就好了。但大明怀疑小玲有外遇，并经常以此为由殴打她，甚至对她施行性虐待，小玲的肉体与精神都受到了极大的创伤。2013 年 9 月，小玲再也忍受不了大明的家庭暴力，于是向惠州市某县人民法院起诉离婚。但大明表示不愿离婚，小玲未能向法庭提供充分证据证实大明实施了家庭暴力，法院因此认为双方感情未破裂，最终判决不准离婚。

此后差不多一年的日子里，小玲的状况并没有丝毫的改变，一直遭受着大明的家庭暴力。2014 年 8 月，小玲再次向法院起诉离婚并要求分割夫妻共同财产，这次法院支持了小玲的诉讼请求，认定夫妻感情破裂，判决准予离婚；认定婚后自建的三层楼房为夫妻共同财产，判决小玲分得一层半楼房。小玲很满意，以为自己终于可以结束这场痛苦的婚姻，开始新的生活了。但是大明不服此判决，向惠州市中级人民法院提起上诉，以土地是其父亲所有、自建房不属于夫妻共同财产为由，请求二审法院对夫妻共同财产进行重新分割。大明还提供了村委会于 2014 年 11 月开具的一份证明，该证明称涉案自建房属大明父亲个人所有。眼看到手的房产有可能要

飞了，小玲非常担心和焦虑。她觉得自己不是本地人，文化程度又不高，无力阻止大明通过关系与村委会干部联手弄虚作假将其唯一的住所夺去，因此来到广东省妇女维权与信息服务站（惠州站）求助。

服务站工作人员接案后，认真阅读了小玲提供的判决书、申请书等材料。了解到目前小玲经济困难，已没有钱聘请代理律师的情况后，工作人员尽力争取到原一审律师为小玲提供法律援助，同时要求当地妇联组织及时到村委会了解相关情况。原来，该村委会于2012年9月也曾出具过一份证明，称涉案自建房是小玲和大明婚后建的，属夫妻共同所有房产，该证明原件已提交到一审法院。为此，市妇联权益部工作人员到村委会与村书记和村主任沟通，明确指出村委会出具了两份自相矛盾的证明，是违反法律规定的行为，侵害了小玲的合法权益，要求村委会纠正其违法行为。村委会解释称，出现这种差错肯定是工作人员一时疏忽导致，表明一定会向大明做好解释工作，收回并撤销了后一份证明。随后，妇联工作人员又以人民陪审员的身份参加了案件审理，二审开庭时，小玲信心十足地陈述了事实，法援律师有理有据地发表了代理意见。最后，二审法院作出终审裁判：驳回上诉，维持原判。当小玲又一次来到服务站时，她的脸上露出了灿烂的笑容，一再感谢妇联工作人员对她的帮助与鼓励。

案例评析

目前在很多农村地区，绝大部分夫妻或家庭的住房都是在宅基地上的自建住房。这种自建房产的产权状态是既没有土地使用权证，也没有到政府职能部门办理房产登记手续或者取得房产证，一般只是在村民委员会进行并不规范的房屋在册登记。因此，农村夫妻在发生夫妻共同财产纠纷时，自建住房作为价值最大的一笔财产，当事人对其权属性质和分割处理往往存在着巨大争议。也因为目前法律对此问题的规定不完善，法院要准确认定这类农村自建房

的归属，存在一定的难度。本案中，小玲与大明对自建居住的房子究竟是不是夫妻共同财产发生的争议，就属于这种情况。所以，村委会所出具的证明材料就几乎成了关键证据，对法院认定事实起到了关键的作用。但是，本案中村委会缺乏基本法律意识，先后开立了两份相互矛盾的证明，没有严格按照规定出具证据，这显然是故意偏袒大明而不如实说明涉案自建住房的权属情况，严重侵害了小玲的财产权益。

广东省妇女维权与信息服务站（惠州站）对小玲的求助回应及时，措施得当，体现了妇联工作人员作为妇女群众利益的代表者和维护者的担当意识和工作水平。特别是，市妇联权益部工作人员能到村委会与村书记和村主任沟通，明确指出村委会后来出具证明的行为违法并要求村委会纠正，十分难能可贵。实践中，妇联作为群团组织要维护好妇女的合法权益，就要善于发现问题所在，善于沟通协调，善于根据《妇女权益保障法》等法律法规提出意见建议，督促有关部门、单位和个人改正侵害妇女合法权益的不当和违法行为。另外，妇联组织在处理妇女群众维权诉求案件时，法律并没有赋予其相应的执法权力和行政权力，这就决定了妇联在个案维权中的主要手段是请求、协调和监督相关部门履行职责。因此，帮助当事人依法维权，就要善于"借力、借势、借平台"，不能唱"独角戏"，要搞"大合唱"，这样才能充分发挥妇联维权的协调组织作用。在此案件中，妇联不仅作为妇女的"娘家人"给予其精神支持，而且在案件的审理过程中，发挥了法律监督的作用，值得称赞。（评析人：易健华）

维权知识

★农村夫妻离婚，住房应当怎样分割（一）？

目前，我国对农村房产和城市房产实行的是二元制管理体制。这是因为，农村房屋所占用的土地所有权属于农村集体经济组织，农民对其房屋下的土地享有宅基地使用权，国家对农村房屋至今未建立起完整的物权登记制度。那么，农村夫妻一旦离婚，房屋该怎么分呢？这是一个比较复杂的问题，以下是仅供参考的回答。

（1）婚前一方建造的房屋。对一方婚前建起，结婚后夫妻双方共同居住使用的房屋，如果双方没有相关的约定，这样的房屋由于是一方婚前所得，只能判给婚前所属的一方所有。

（2）婚前一方建造，而建造房屋所欠的债务是夫妻结婚后用婚后共同财产偿还的房屋。这样的房屋由于是一方婚前所得，不是婚后共同所得，因而不能视为共同财产，只能判给婚前所属的一方所有。但是，因建房所欠的债务用了婚后共同财产返还，所以得到房子的一方应当补偿房价的一半给另一方。如果只是建房的部分债务由婚后共同财产偿还的，那么得到房子的一方应当给另一方相应的补偿。

（3）一方家庭为子女结婚居住而建造，在婚后由夫妻双方共同居住的房屋。按照《婚姻法解释（二）》的规定，这样的房屋视为父母赠与夫妻双方的财产，分割时如果没有特殊情况，双方平分该房屋。

七、婚前购房分份额　离异分割按协议

案情简介

　　阿群是一名 53 岁的中年妇女，家住梅州市某区，2000 年 11 月与阿彪登记结婚，婚后没有生育子女。因双方均是再婚，为避免日后滋生财产争议，双方于 2000 年 10 月婚前订立了一份相关财产协议。协议约定：①男方付 5 万元、女方付 1 万元人民币购买房屋一套；②以上资金按协议实施，中途如遇特殊情况，如分居生活、不能和睦相处，则按男女双方各投入的资金比例偿还其本人；③其他共同生活中现有的财物为双方共有。协议签订后，双方即办理了结婚登记，随后在梅州市某区共同购买毛坯房一套，房屋产权登记在双方名下。几年后，夫妻又共同对房屋进行扩建和装修，建筑面积由原来的 365.65 平方米扩建成 672.84 平方米，用于出租赚钱。不料，阿彪有钱后变得花心了，外遇不断，两人为此矛盾不断，夫妻感情恶化。2013 年 8 月，该房被拆迁共获得补偿款 2584475 元，双方因补偿款分配产生冲突，阿群因此向法院提起离婚诉讼，请求依法平分夫妻共同财产。阿彪辩称，按照当年夫妻约定，购房时阿群只出资 1 万元，只能分到 1/6 的房款，即只能得到补偿款总额的 1/6。阿群被他这番说法迷惑了，因担心官司败诉而非常焦虑，于是到广东省妇女维权与信息服务站（梅州站）寻求帮助。

　　服务站工作人员给迷惑的阿群提出建议，他们婚前双方共同出资购买的房产，是按各自出资比例按份共有，但婚后扩建和装修的增值部分应当为夫妻共同所有，阿彪主张所有财产只能按协议的份额分配，阿群只能得到拆迁款总额的 1/6 的说法是不合理、不合法的。工作人员多次以电话形式邀请和建议阿彪与阿群一同到服务站进行协商调解，但阿彪以繁忙为由屡次推脱，只愿意在电话上与工作人员沟通和交流，且始终坚持其财产分割立场，并坚持认为自己是家庭财富的主要创造者。调解不成，工作人员建议阿群在开庭时依法提出自己的诉讼主张，并引导其收集相关证据。

两个月后，阿群再次来到服务站，称其请了一个律师出庭，律师也承诺了会帮其争取一半财产，可一审判决却认定阿群只可获得 1/6 的房屋征收补偿款和按时奖励金，阿彪可获得 5/6 的补偿款和按时奖励金。对此结果，阿群很不满意，问现在应该怎么办。

服务站工作人员认真审阅了法院的一审判决书后，认为法院的判决依据只立足于最初的双方协议，未查明购房时原始住宅面积及婚后扩建、装修情况，是存在争议、显失公平的。为此，建议阿群向梅州市中级人民法院提起上诉，争取自己应得的权益，并向阿群提供了相关的诉讼常识及注意事项、与所请律师的沟通注意事项等，阿群采纳了服务站工作人员的建议提起了上诉。在上诉过程中，服务站工作人员全程跟进，了解阿群的需求和上诉情况，并进行分析和指导，阿群的诉求终于得到了梅州市中级人民法院二审判决的支持：二审认为婚前双方共同出资购买的房产按各自的出资比例按份共有，婚后因扩建和装修而产生的增值部分为夫妻共同所有。一审未查明购房时原始住宅面积以及婚后扩建、装修情况，未考虑双方结婚 13 年以来对争议房产的共同投入，对全部拆迁补偿款按原购房出资比例进行分割，有失公平。根据二审查明的事实，争议房产的初始建筑面积为 365.65 平方米，补偿款为 1084152 元，婚后扩建面积为 307.19 平方米，补偿款为 871805 元。按照婚前购房时的出资比例，阿群应分得房地产价值补偿款（1084152/6）＋（871805/2）＝616594.5 元。装修补偿款 351222 元、苗木和附属设施补偿款 87770 元、其他用地补偿款 10551 元、按时签约奖励金 134568 元及按时搬迁奖励补助款 44407 元为婚后取得的夫妻共有财产，依法应由阿群夫妻平均分割，最后阿群分得征收房屋补偿款合

计930853.5元。

案例评析

本案是比较典型的夫妻争产纠纷案例，虽有婚前协议，但争议和纠纷还是发生了。广东省妇女维权与信息服务站（梅州站）为阿群持续服务一年多，从表面看案情并不复杂，适用的法律法规也不多，但真正打起官司、真正要很好地维护离婚妇女的合法权益却相当复杂，本案经过一审、二审便可证明。阿群在服务站的帮助下，依法获得的补偿款从423344.67元提高到930853.5元，可以说很好地维护了自己的合法权益，也为广大妇女同胞们在遇到类似问题时，提供了很好的借鉴。

我国实行夫妻共同财产和夫妻约定财产相结合的制度。所谓夫妻共同财产，是指在婚姻关系存续期间，双方的一切收入所得，除另有约定以外，均归夫妻共同所有。因此对于共同财产，夫妻有平等的处理权，任何一方无权以自己收入高、对夫妻共同财产贡献大为由，独占或多分割夫妻共同财产。所谓夫妻约定财产，是指法律允许夫妻在婚姻关系存续期间用协议的方式，将某项财产确定归一方所有或双方分别所有的制度。根据我国婚姻法的规定，约定财产的效力高于法定财产的效力，即有约定时从约定，无约定时从法定。

本案夫妻约定财产协议符合法律规定，是有效的，但协议的标的，即对象是十几年前所建的两层房屋，显然，对协议以外的夫妻共同财产是没有约束力的，这一点应当引起大家的重视，即约定必须明确哪些财产属于共同所有，哪些是个人所有。（评析人：杨世强）

维权知识

★农村夫妻离婚，住房应当怎样分割（二）？

（4）婚前男女双方的家庭共同出资建造的房屋，属于夫妻共同所有。结婚前夫妻由双方家庭共同出资建造房屋，目的是男女双方结婚后共同居住使用，而男女双方结婚后，该房也确实是归夫妻双方居住使用的，这样的房屋视为夫妻双方的家庭赠与夫妻双方的财产，属于夫妻共有房屋，离婚分割时，一般是对等分割。

（5）婚前即已存在的家庭共同房产或原属一方父母的房产，结婚后没有明确给夫妻双方的。双方结婚后与其他家庭成员一起居住生活，而没有分家析产的，这样的房产属于一方及其他家庭成员的共同房产，不能作为夫妻共有财产予以分割。

（6）婚姻关系存续期间，家庭建造或购买并供全体家庭成员共同居住使用的房屋，应当认定其中有夫妻财产的相应份额，对属于夫妻财产的部分可以进行分割。通常的做法是，确认每一个家庭成员应获得的财产份额，让离开家庭的一方获得与其财产份额相适应的金钱补偿。但如果在离婚案件中对各方应得的房产份额不好确认的，法院一般是对其他财产先行分割，对房产的分割让有关当事人另行提起分家析产之诉。

八、重症病妇争房产　十年官司二十宗

案情简介

1980 年 11 月，阿芝与阿军按照当地农村习俗在阿军的家乡举行了婚礼，结为夫妻共同生活在一起。1982 年 11 月 16 日，两人一起到婚姻登记处补办了结婚证。

1981 年初，阿芝与丈夫阿军在湛江市某县某镇购买了一块 150 平方米的宅基地。同年 8 月，两人利用该宅基地的部分土地建起 80 平方米的一层房屋。1985 年 5 月，两人申请某县某区公所（当时镇改称区公所）颁发了该房屋的产权证。到了 1989 年，阿芝夫妻经商量后又将该房屋加建了一层。随后两人于 1992 年，又在宅基地剩余的 70 平方米土地上修建了一栋两层楼房。此外，在两人婚姻关系存续期间，丈夫阿军所在工作单位进行房改，夫妻俩根据政策规定又购买了位于湛江市某区的一套房改房。

那时，拥有很多房子的阿芝以为她的婚姻家庭生活从此就只朝着富有、幸福和美满的方向发展了。然而，"天有不测风云，人有旦夕祸福"。阿芝对美好生活的感受没有持续多久，就在 2003 年被检查出患了晚期结肠癌。其实，阿芝真正的不幸，要到 2005 年 3 月的某一天才正式开始。这天，丈夫阿军一纸诉状将妻子诉至湛江市某区人民法院，请求判令离婚并分割夫妻共同财产。阿芝被迫应诉，没想到，法庭开庭审理过程中突然停电了，法官只好宣布休庭，改日再审。更加没想到的是，隔日法庭恢复审理继续开庭时，居然没有通知阿芝及其代理人到庭，而对这起没有通知被告到庭的离婚案，主审法官竟然进行了缺席审理！接着，某区人民法院作出了 2005 民初字第××号《民事判决书》，判决准予阿军与阿芝离婚，并且认定坐落于某县某镇的自建楼房的产权属于阿军之父所有，不属于夫妻共同财产。

阿芝直到 2006 年初才知道法院已作出判决。她对离婚没有意见，但对于法院认定夫妻共建的楼房的产权归属，她确信是法院搞错了。为此，阿芝专门去房管局查询，这才得知真相：阿军早在 1993 年就将坐落于某县某镇的夫妻共同房屋，分别转移登记在其父和其弟二人名下，并且两人都办理并取得了《国有土地使用权证》《房屋所有权证》和《房地产权证》。一时间，阿芝被这一事实真相彻底击懵了。但是，这一残酷的事实并没能击垮阿芝，反而激起了她顽强抗争的斗志。

2006 年春，坚强的阿芝拖着虚弱的病体向湛江市某县妇联求助，妇联工作人员帮助她向县法律援助处申请法援，法律援助处在详细了解了事情经过后，指派律师为阿芝提供法律援助。律师认真查阅了案件材料，为阿芝分析案情，提出了办案思路。2006 年 6 月 20 日、2007 年 1 月 24 日，阿芝分别将某县人民政府、国土资源局及房管局诉至法院，请求法院撤销阿军之父、阿军之弟违法取得的《国有土地使用权证》《房屋所有权证》《房地产权证》。2006 年、2007 年湛江市某县人民法院和湛江市中级人民法院分别作出行政判决，确认阿军、阿芝的房屋产权证书是合法有效的不动产权属证，判决撤销阿军之父、阿军之弟名下的《国有土地使用权证》《房屋所有权证》和《房地产权证》。

阿芝打赢了官司后，立马于 2008 年向湛江市中级人民法院提出申诉，申请该院再审当初的离婚案，撤销已经生效的某区人民法院 2005 民初字第××号《民事判决书》，要求分割夫妻共同财产。市中级人民法院立案受理了阿芝的再审申诉，裁定重新审理该案。在法庭主持下，双方达成了调解协议，房改房归阿军，由阿军给阿芝房屋补偿款 84500 元。

但事情到此仍未结束。2009 年，阿军对前述阿芝状告政府部门房屋产权登记行政诉讼案中的××号生效行政判决不服，提出申诉，申请再审撤销某县某区公所于1985年5月给阿军、阿芝颁发的《房屋产权证》。法院决定再审，一审、二审两级法院经审理后，均裁定驳回阿军的诉讼请求，阿军想翻案的企图以失败告终。但到了2011年，又出现了新情况，阿军的母亲等7名亲属，又以同一事实和理由、同一诉讼请求提起行政诉讼。此案经一审、二审两级法院审理，同样是分别裁定驳回阿军该7名亲属的起诉。阿芝和阿军因为离婚分割夫妻财产而引发的一系列官司，至此告一段落。

从2006年至2014年，阿芝多次向湛江市妇联求助维护权益，4次向市妇联申请法律援助均获批。市妇联领导在市人大、市政协等召开的会议上，多次汇报阿芝案件提出维权建议，不断与人大、政协、市中院等单位的领导进行沟通、协调；市妇联和法援律师出具多份法律意见书提交市人大内司工委、市中院，主动汇报案件情况，提出监督建议。在市人大、市中院的重视和支持下，阿芝申请某区法院对阿军强制执行，目前她已拿到了分割房改房所得的补偿款84500元。

案例评析

不夸张地说，本案可以称得上是一场惊心动魄的夫妻争产大战，其中所折射出来的人性、伦理、法治问题足以令人深思，阿芝维权的曲折经历也给人诸多启示。

在夫妻彼此信任、关系良好状态下，白开水也可以喝出蜜糖的味道，在夫妻共同财产管理和控制上，双方也是一家人不说两家话。然而，当夫妻感情恶化甚至破裂，真爱变成愤恨，人的自私本性就表露无遗，一方或者双方往往会想尽办法隐匿或转移财产，以使对方少分甚至不分财产。但纸终究包不住火，当事情败露时，双方必然会发生激烈的纠纷，而为解决纠纷所付出的成本和代价，也是十分惊人的，本案就是这样的一个典型。10年来，阿芝面对20场诉讼官司，其个人所损耗的精神、时间和经济损失难以计算与弥

补；法律援助机构为她提供了 10 多次的法律援助；许多法官和司法辅助人员为审理这 20 宗官司，耗费了大量宝贵的司法资源。对此，阿军作为这一系列夫妻财产纠纷和行政、民事官司的始作俑者，应当受到人们的唾弃和谴责，但当初某基层法院主审法官对离婚诉讼没有严格依法定程序进行审理和判决，对阿芝极为不公，以致引发了随后更多的诉讼，也是应当受到批评的。

从个体角度看，阿芝之所以陷入如此曲折坎坷的夫妻财产纠纷，是因为她在婚姻生活中缺乏应有的理性态度和处事方法。从早期购得宅基地、建 80 平方米一层房屋并申领该房屋的产权证，到将该房加建一层、再建起一栋两层楼房，再到购买丈夫单位一套房改房，阿芝应当是和丈夫共同掌握夫妻财产并且彼此知根知底的，但她直到离婚诉讼时才发现，十多年前丈夫就将夫妻共同房屋分别转移到了其父和其弟名下，自己反而成了局外人。她若是能在早些时候就关心一下夫妻的共同财产，或许事情不至于恶化到这种程度。事实上，夫或妻一方隐匿、转移财产往往是在夫妻感情已经潜在破裂的现实危险下发生的，具有行为隐秘性、维权成本高昂性的特征。因此，"围城"中人很有必要事前预防，做生活的"有心人"：对银行存在的账号、开户行、房产证等重要财产做一个备份，不时过问一下现在的情况；对另一半的投资、储蓄、债务等现状和变化情况，要适当关注，做到心中有数。这些都是可能影响夫妻家庭财产状态的变数，只能积极应对，不能消极无为。

阿芝是下岗失业人员、晚期癌症患者，依靠政府发给的最低生活保障金和亲人资助维持基本生活。多年打官司的经历使她几乎对生活失去信心，但她并非孤立无助，妇联组织不仅力尽所能依法为弱势妇女维权，还帮助阿芝解决生活困难，做好心理疏导辅导，让阿芝感受到了"娘家人"的温暖，真是难能可贵。（评析人：陈敏斌）

维权知识

★什么是法律援助？

法律援助是现代法治国家对其公民承担的一项基本义务，是由政府拨付一定的资金设立法律援助机构，组织法律援助人员和法律援助志愿者，为某些经济困难的公民或特殊案件的当事人提供免费的法律帮助，以保障其合法权益得以实现的一项法律保障制度。

公民要获得法律援助，应当自行向设在当地司法行政机关的法律援助机构提出申请，或者由有关组织如妇联组织帮助申请、司法机关如法院指定。一般情况下，公民申请要求提供身份证明、经济收入证明等材料，经审核符合受助条件后，法援机构将根据申请人的具体情况指派律师，为其提供免费服务。

九、财产分割失公平　维权抗争十三年

案情简介

阿莲，1951 年出生，原是河源市某局职工。1990 年，阿莲经人介绍与国有企业某公司负责人阿育结婚，婚后感情很好，未生育小孩（阿莲初婚，阿育再婚有一子一女）。当时，阿莲提出要与阿育生育一个孩子，阿育说："把这两个小孩抚养大也会像亲生的一样，毕竟他们的母亲已离开人世。"阿莲听信了阿育的话，尽力负起妻子和母亲的责任。小孩逐渐长大，生活也日趋好转，一家人过上了幸福美满的生活。然而好景不长，阿育经常对阿莲粗言相对，时而大打出手，对阿莲实施家庭暴力。阿莲考虑再三，自己已年近半百，又无儿女，只好忍气吞声，含泪度日。尽管如此，阿育还是将阿莲起诉到了法院，请求判决离婚并将夫妻婚姻关系存续期间的财产、债权债务进行分割。

庭审中，阿莲提供了数十万元的银行存款账号（2000 年 3 月之前银行存款未实行实名制，阿莲办理这些存款没用实名）、家具清单及购买票据（总价 111784 元）、房产（婚后阿育继承了其父亲遗留的一套一层半旧房，并于 1991 年办了房产证，后该房子被改造成三层结构 320 平方米楼房）等证据；阿育提供了向其前妻姐姐、其亲妹妹共借款 4 万元的借据书证，以及债权三笔共 75000 元书证（阿莲称此债权 1997 年前已偿还）。一审法院开庭审理后判决：准予离婚；冰箱、洗衣机等小家电归阿莲所有；摩托车、空调及电脑归阿育所有；小孩给阿育抚养；房子归阿育所有；各偿还 2 万元的债务。阿莲拿到判决书时，感觉如晴天霹雳，自己从此无儿无女、无房、无存款了。她不服判决提出上诉，但二审法院维持原判。阿莲不知所措，痛哭喊冤："我的数十万元的存款哪里去了？我辛辛苦苦扩建的房子哪里去了？天理何在？"阿育无情地烧毁阿莲的衣物，将她赶出了家门。阿莲孤身一人居无定所，万般无奈之下走上了悲愤的上访维权之路。

阿莲上访到市妇联，市妇联权益部工作人员与她一起到市人大反映情况，请求市人大常委会主管领导关注此案，并督促有关部门对此案进行调查，作出公正裁决。市人大立即开展对此案的督办、协调、核实等工作，与市妇联组成调查组对涉案银行存款、房产等进行调查核实。调查组查实，阿莲提供的银行账号有定期、活期存款数十万元，户名不是实名；涉案房产是在婚后修建并办理房产证的，应属夫妻共同财产；家具（清单及购买发票）价值 111784 元，法院判决只认定 63904 元，阿莲分得 25550 元，阿育分得 38354 元，仍有 47880 元法院认定不属于夫妻共同财产。据此，调查组认为此案事实认定不清，财产分割有失公平。调查组向市人大常委会汇报了调查结果，请求根据《中华人民共和国民事诉讼法》第一百七十九条的规定依法行使监督职权，敦促法院依法撤销原判决，重新审理。同时，调查组建议阿莲申请再审。

然而，此案的曲折程度超出了阿莲的想象。一审、二审法院对此案进行了多次审理，经过几个回合后，最终二审法院于 2001 年对存在争议的房屋、存款、债权债务作出判决：一，对房屋进行评估后重新分割，判决阿育补偿阿莲 46903.5 元；二，对阿莲提供的银行账号款额进行了查核，认为账号户名不是阿莲，不能确认该存折是阿莲所有，且该存款已支取销户，无法认定此款为夫妻共同存款；三，阿育提供的两笔 4 万元债务应当认定为共同债务，因为阿莲未提供有效的反证；四，认定三笔债权共 75000 元为夫妻共有债权并进行了分割。

对此判决，阿莲简直是悲愤欲绝了。首先，阿莲认为争议房屋总值被评估为 149305 元，按此评估数额她至少可分得 74652.5 元，且房子地处商业旺地，未来升值空间巨大，分给她的 4 万多元补偿费，不知法官是如何计算出来的。其次，银行的两个账户是阿莲自己开户的，后来被阿育转移财产而改为"阿育文"及"阿育"的户名，法院查证的两笔存款账号及金额，都与阿莲提供的账号及金额相符，在二审开庭时法官对转款人笔迹进行了核对，在铁证面前阿育不得不承认了自己转移存款的事实。而且，阿莲已就这两笔存款向法院提交了诉讼保全申请书，并委托律师代交了诉讼费和保全费，怎么此款就让阿育转移得逞了呢？再次，4 万元债务问题。二审判决书上写明阿育向其妹妹所借的钱是用来建房子的，而其妹妹向法院提交的书证却说该借款是给阿育儿女读书用的，兄妹说法不一，说明此借款证据纯属伪造。最后，三笔债权早在夫妻婚姻关系存续期间的 1997 年就已经清偿，有三个人提供的书证证明，因此不存在共同债权的说法。按照二审法院终审判决，阿莲分得房屋补偿费 4 万多元，分享债权近 4 万元，分担债务 2 万元，所以她仍要补回近 2 万元给阿育才算两清。可怜的阿莲，在饱经波折之后，不但一无所获，还背上了近 2 万元的债务。

阿莲万般无奈，于 2001 年 10 月到省高级人民法院申诉。省高级人民法院受理了她的申诉请求。阿莲还要在维权路上继续穿梭奔跑，她在苦苦地等待着一个公正、公平的判决，直至 2012 年她才如愿以偿。2012 年省高级人民法院对这起耗时 13 年的离婚财产纠纷案作出了终审裁决，判决阿育一次性补偿阿莲 16.5 万元。阿莲拿到判决书后高兴不已，带着印有"妇女娘家的贴心人"的锦旗来到市妇联权益部，向权益部的工作人员表达自己衷心的感谢。

案例评析

本来是一起普通的离婚争产诉讼案，却经过了一审、二审、再审、再申诉、裁判的过程，历时 13 年才结束，真是令人感叹不已。除开法院司法过程中的一些负面因素不论，实践中处理夫妻共同财产纠纷的复杂性和难度，从中可见一斑。

本案中，阿莲和阿育的夫妻财产关系本来应当是很清楚的，他们结婚时并没有书面约定婚后双方所得财产归各自所有，那么，婚后各方所得的财产就属于夫妻共同所有，即阿育继承得来的其父旧房也是夫妻共同财产，婚姻关系存续期间为共同生活而产生的债务是夫妻共同债务。根据婚姻法的规定，离婚时，一方隐藏、转移、变卖、毁损夫妻共同财产，或伪造债务企图侵占另一方财产的，分割夫妻财产时，对隐藏、转移、变卖、毁损夫妻共同财产，或伪造债务的一方，可以少分或不分。本案中，阿莲对自己的主张提供了相关证据，履行了举证责任，证明阿育有转移夫妻婚姻关系存续期间银行存款的行为，法院在分割夫妻共同财产时本应少分或不分财产给阿育；在夫妻共同债务方面，阿育有为达到多分财产之目的而串通其同胞姐妹伪造借款书证的嫌疑，法院应不予认可；在夫妻共同债权方面，有书证证明夫妻存续期间的三笔债权已获清偿，法院对此仍作为夫妻财产进行分割不可取；在房屋分割方面，阿育在与阿莲登记结婚后继承取得的房屋应以夫妻共有财产依法分割，法院却把房屋大部分判给了阿育。显然，阿莲在这场诉讼中，未能获得一审、二审法院依法公正的判决，这也是她不断上访抗争并令人同情的原因所在。这些事实也说明，夫妻之间的财产关系（包括债权债务）确实比较复杂多变，一方面是证据和事实问题，另一方面是法律规定问题，即使是司法专业人员，对于夫妻财产的争议和纠纷问题，也未必一定能做到正确把握事实的认定，准确理解适用法律的规定。

本案中，最值得称赞的是，妇联在鼓励、安慰案主的同时，与市人大组成调查组调查取证，为案件胜诉提供了有力的证据，为顺利庭审、高效庭审提供了保障。（评析人：杨世强）

维权知识

★公民可请求法律援助的范围是什么？

根据《中华人民共和国法律援助条例》的规定，公民有下列事项，没有委托代理人或辩护人的，可以申请法律援助或由人民法院指定辩护：

（1）依法请求国家赔偿的；

（2）请求给予社会保险待遇或者最低生活保障待遇的；

（3）请求发给抚恤金、救济金的；

（4）请求给付赡养费、抚养费、扶养费的；

（5）请求支付劳动报酬的；

（6）主张因见义勇为行为产生的民事权益的；

（7）因医疗事故、交通事故、工伤事故造成的人身损害赔偿案件；

（8）因家庭暴力、虐待、重婚等，受害人要求离婚及人身损害赔偿案件；

（9）犯罪嫌疑人在被侦查机关第一次询问后或者采取强制措施

之日起，因经济困难没有聘请律师的；

（10）公诉案件中的被害人及其法定代理人或者近亲属，自案件移送审查起诉之日起，因经济困难没有委托诉讼代理人的；

（11）自诉案件的自诉人及其法定代理人，自案件被人民法院受理之日起，因经济困难没有委托诉讼代理人的；

（12）公诉人出庭公诉的案件，被告人因经济困难或者其他原因没有委托辩护人，人民法院为被告人指定辩护时，法律援助机构应当提供法律援助；

（13）被告人是盲、聋、哑人或者未成年人而没有委托辩护人的，或者被告人可能被判处死刑而没有委托辩护人的，人民法院为被告人指定辩护时，法律援助机构应当提供法律援助，无须对被告人进行经济状况的审查。

十、夫偷售共同房产　妻维权主张赔偿

案情简介

阿珍和阿健现年均 51 岁，于 1993 年 8 月结婚后，夫妇两人便与阿珍亲属合作经营一家餐厅。餐厅生意十分火爆，阿健与阿珍因此挣了大把钞票，先后购买了三套房产（越秀区房改房一套，海珠区商品房两套），房产产权均登记在丈夫阿健一人名下。夫妻俩居住在其中的一套大房中，虽然两人一直未生育子女，但生活过得还算是和谐愉快。然而随着共同生活和餐厅经营生意上的矛盾不断积累增多，双方也不时发生争吵。2009 年底至 2010 年初，阿健因父亲患癌需要花钱治疗，与阿珍及阿珍亲属爆发了激烈的矛盾冲突，阿健也因此退出了餐厅经营。此时，阿健经朋友介绍，想将房产出售筹资去越南投资，要求阿珍将存在其处的三套房产的房产证原件拿出来，遭到了阿珍的拒绝。双方为此大吵一场后，阿健搬至海珠区小房居住，双方就此分居。2012 年 10 月，双方以感情彻底破裂为由到民政部门办理了协议离婚。离婚协议中明确约定："海珠区两房双方每人一套，大小面积差异由双方另行补偿。"随后，阿珍要求阿健协助办理房产过户，阿健却多次搪塞拒不办理。阿珍为此焦虑不止，到广州市妇联求助。

妇联工作人员认为，阿珍已经办理了协议离婚手续，本应当按协议分割夫妻共同房产，阿健拒不办理一定是有重大变故，她的权益只有通过法律诉讼途径才能得到有效维护，因此为阿珍指派了顾问律师提供服务。律师带着阿珍至房管局查询，阿珍吃惊地发现房产早在 2011 年 3 月就被过户给其他人，可房产证不是一直在自己手里吗？阿珍迷惑不解。律师经过详细了解，认为阿健一直在有预谋地转移夫妻共同财产，当务之急是必须向房管局调取房屋交易的具体记录，了解房屋过户信息，这样才有可能将房产追回。经律师协助，阿珍在房管局了解到，因三套房产均登记在阿健一人名下，阿健以房产证丢失为由，向房管局申请补办了房产证，补办新证后就将房产以低价过户给自己的三个亲友。律师评估分析认为，受让方三人均是阿健的亲友，跟阿健与阿珍是多年的朋友，应当知道这些房产均属于夫妻双方的共同财产，在明知阿健未经阿珍同意的情况下，仍以低价与他达成交易，存在与阿健恶意串通转移夫妻共同财产的嫌疑。

为维护好阿珍的合法权益，律师为她制定了诉讼策略。一是提取了房管局查证的证据；二是让阿珍联系买房亲友问询有关房产交易的情况，但不要惊动他们，把谈话的过程录音以保存证据；三是从诉讼成本及可行性考虑，建议阿珍请求法院判决现住的大房产权归阿珍所有，其他房产无须追回，主张阿健向其赔偿房屋市价的 60%，并要求房屋实际购买人对赔偿款项承担连带责任。广州市越秀区人民法院在开庭审理该案后，判决认定阿珍的诉讼请求证据确凿，房屋实际购买人为夫妻二人的亲友，对房屋属夫妻共同财产是明知的，房产交易过户存在恶意串通，阿健恶意转移夫妻共同财产，理应将共同财产的 60% 赔偿给阿珍，阿珍依法可多分夫妻共同财产。

案例评析

夫妻双方离婚前后，一方隐瞒和转移夫妻共同财产，另一方因权益受到侵害而请求维权的案例很多见，侵权的形式也是五花八门，不一而足。但此案中阿健的侵权手段却不多见，他在妻子阿珍手上明明攥着房产证的情形下，竟然使出了"明修栈道，暗度陈仓"的计谋，一边同意协议离婚分割夫妻共同房产，一边以丢失房

产证书为由重新办证并与亲属恶意串通将房屋出售，最终使妻子离了婚又失去了房产。阿健的"计谋"之所以能得逞，是因为阿珍的"自保"措施太简单了，以为自己手中攥住房产证就可以万事大吉了。幸好她发现事情不妙时还知道及时求助，否则，被阿健再拖下去她的合法权益恐怕就难以得到保障了。

此案中，阿珍能成功维权得益于妇联组织和援助律师为她采取了正确的应对措施。一是果断地选择了诉讼维权的途径。根据《婚姻法解释（二）》第九条的规定："男女双方协议离婚后一年内就财产分割问题反悔，请求变更或者撤销财产分割协议的，人民法院应当受理。"所以，本案中阿珍与阿健签署离婚协议后，仍可就财产问题向法院起诉。二是取证及时，以充分证据证明男方是与他人恶意串通转移夫妻共同财产的。根据《婚姻法》第四十七条的规定，离婚后，一方发现另一方有隐藏、转移、变卖、毁损夫妻共同财产的，可以向人民法院提起诉讼，请求再次分割夫妻共同财产。同时,《婚姻法解释(一)》第三十一条规定:"当事人依据婚姻法第四十七条的规定向人民法院提起诉讼,请求再次分割夫妻共同财产的诉讼时效为两年,从当事人发现之次日起计算。"本案中,因阿珍举证了阿健存在转移财产的情况,故可以多分财产。

本案也给了人们一大启示:侵权一方会利用房产产权登记在自己一人名下的便利,以及《物权法》中有关善意取得的制度,将房产出售后的款项控制在自己手中,导致被侵权一方无法追回房产,而房款已被挥霍一空或转移,造成最后无法赔偿的后果。所以,不动产等价值大的夫妻共同财产应尽量登记在夫妻双方名下,如果出现一方隐匿转移财产的情况,应尽量以书证、录音等方式保存证据。在证据的帮助下,维护自己的利益。(评析人:杨世强)

维权知识

★离婚后,在什么情况下可以诉请法院再次分割财产?

一般情况下,夫妻双方离婚后彼此之间包括财产关系在内的权利义务已依法终止。但如果出现了法定情形,一方仍然可以诉请法院请求重新分割财产。有两种情形:

(1)双方通过协议离婚分割财产的,可在离婚后一年内反悔。对此,《婚姻法解释(二)》第九条规定,男女双方协议离婚后一年内就财产分割问题反悔,请求变更或者撤销财产分割协议的,人民法院应当受理。但此种情形下的请求能否得到法院的支持,有很大的不确定性。

(2)双方通过诉讼离婚分割财产的,一方发现另一方有非法处理夫妻财产的,可在两年内起诉。对此,《婚姻法》第四十七条明确规定:离婚后,一方发现另一方有隐藏、转移、变卖、毁损夫妻共同财产的,可以向人民法院提起诉讼,请求再次分割夫妻共同财产。但这个请求权不是无期限的,《婚姻法解释(一)》第三十一条规定:"当事人依据婚姻法第四十七条的规定向人民法院提起诉讼,请求再次分割夫妻共同财产的诉讼时效为两年,从当事人发现之次日起计算。"

03 债务纠纷篇

一、分居期间夫举债　终审判决妻免责

案情简介

阿晖与小敏于 1999 年 10 月登记结婚，婚后没有生育子女。2002 年 6 月，小敏因工作需要被公司调动到外地，导致夫妻两地分居。在夫妻两地分居期间，阿晖没有了约束，整天在外面大肆挥霍吃喝玩乐，被偶尔从外地回家的小敏发现后，小敏为挽救危机四伏的家庭，对阿晖好言相劝，但他根本听不进去，小敏的努力成效不大，两人的感情开始出现裂痕，而且裂痕变得越来越大，夫妻关系冰冷到形同陌路。2003 年 5 月，阿晖居然一声不吭就离家出走了，小敏苦等半年仍无半点音讯，愤而向法院提起离婚诉讼。但因被告阿晖下落不明，依法必须先进行公告，小敏需要花费一笔公告费，她无奈之下撤回了离婚起诉。不料数月之后，竟然有债主成某找上门来向小敏催债，宣称其丈夫阿晖向他借了 25000 元逾期未还，小敏对此毫不知情，理所当然地拒绝还钱。成某讨债不成，遂于 2004 年 6 月将小敏和阿晖告上了法庭，请求法院判令两人清偿所欠债款。

在法庭上，成某向法院提交了一张借条："今借成×现金贰万伍仟元整（25000.00），特此证明，阿晖，2002.7.11。"因阿晖没有出庭应诉，小敏又不知道借条的真假和来龙去脉，她无法举证反驳成某的主张。因此，小敏避开了丈夫与成某是否存在借贷关系的事实，向法院提交了一份自己所在工作单位出具的证明，证实自己早在 2002 年 6 月就被单位派往外地工作。据此，小敏提出从 2002 年 6 月至今没有与丈夫共同生活，丈夫借款自己并不知情，该借款不属于夫妻共同债务，她不应承担还款责任。但她的主张未得到支持，法院认为：阿晖经合法传唤未到庭应诉，视为放弃举证及质证的权利，应认定借款的存在，阿晖应履行还款义务；小敏与阿晖系夫妻，小敏不能证明上述债务是阿晖个人债务，应认定为夫妻两人的共同债务，因此小敏也应承担偿还义务。因而，法院作出一审判决：被告小敏、阿晖偿还原告成某借款 25000 元。

小敏收到判决书后，认为一审判决认定其丈夫的借款是夫妻共同债务，事实不清，证据不足，损害了她的合法权益，就向中级人民法院提起上诉。二审法院审理查明：阿晖举债事实发生在小敏与阿晖分居期间，小敏不知情，且没有证据证明该借款被用于两人的家庭共同生活。据此，二审法院认为一审判决认定阿晖所借款为夫妻共同债务，事实不清，适用法律错误，遂判决撤销一审判决，改判"阿晖所欠债务为个人债务，小敏不承担连带责任"。至此，小敏终于如释重负地松了一口气。

案例评析

婚姻关系存续期间，夫妻一方以个人名义所举债务究竟是个人债务还是共同债务，不仅涉及夫妻双方的个人利益，而且牵涉到第三方债权人的利益。在现实生活中，在面临离婚诉讼时，夫妻中一方伙同第三方制造虚假债务以转移夫妻共同财产的情形，也时有发生。对于夫妻共同债务如何认定的问题，目前在理论界和实务界都存在较大争议和分歧。因此，法院在审理涉及夫妻债务纠纷的案件时，也可能会出现同一事实不同认定，结果迥异的情况。

本案一审法院先以"阿晖经合法传唤未到庭应诉，视为放弃举证及质证的权利，应认定借款的存在"，继而以"小敏与阿晖系夫妻，小敏不能证明上述债务是阿晖个人债务"，认定借款为夫妻共同债务。二审法院则以阿晖举债发生在小敏与阿晖分居期间，小敏不知情且未用于家庭共同生活为由，认定"阿晖所欠债务为个人债务，小敏不承担连带责任"。为什么会得出截然不同的结果？关键

在于如何定性夫妻共同债务，以及该由谁（债权人、举债人或其配偶）来举证该债务用途（到底是用于家庭共同生活，还是用于个人）。从一审法院的审理情况看，它首先确认了债务的存在，但没有对阿晖所举债务的用途进行调查，而直接将阿晖借款认定为夫妻共同债务分配给小敏，因小敏不能证明"债务是阿晖个人债务"。二审法院则在确认债务存在后，根据小敏的举证"不知情且未用于家庭共同生活"，而认定阿晖所举债务为个人债务。

但事实上，不承认为共同债务的一方，要证明另一方借款不是用于夫妻共同家庭生活，或者证明债权人知道夫妻双方约定了婚姻关系存续期间财产各自所有，是非常困难的。因此，《广东省高级人民法院关于审理婚姻纠纷案件若干问题的指导意见（2006）》第七条规定，举证人不能证明的，法院应当按夫妻共同债务处理。但审判人员根据案件已知事实和日常生活经验法则，判定同时存在以下情形的，可按个人债务处理：①夫妻双方不存在举债的合意且未共同分享该债务所带来的利益；②该债务不是用于夫妻双方应履行的法定义务或道德义务；③债务形成时，债权人有理由相信该债务不是为债务人的家庭共同利益而设立。因此，二审法院根据小敏"不知情且未用于家庭共同生活"，判定阿晖所举债务为个人债务，是正确的结论。（评析人：吴锦绣）

维权知识

★夫妻债务知识之一：什么是夫妻共同债务？

在我国《婚姻法》中，对夫妻共同债务没有具体的界定和划分，只在第四十一条作了原则性规定：离婚时，原为夫妻共同生活所负的债务，应当共同偿还。为此，1993年11月3日出台的《最高人民法院关于人民法院审理离婚案件处理财产分割问题的若干具体意见》第十七条明确规定：夫妻为共同生活或为履行抚养、赡养义务等所负债务，应认定为夫妻共同债务。

二、司法判决难统一 婚内债务困扰人

案情简介

案例一

张强是一位生意人，收入虽然不甚稳定但一直也保持着不错的经济水平。陈雪在私企做文员，工资收入不高。两人一见钟情，在1998年6月登记结婚。由于双方收入相差很大，两人便在结婚时立下了书面约定：每人每月拿出1000元作为双方的共同财产，由陈雪支配用于日常家用；婚前个人财产和婚后其他个人所得归属个人所有，个人所举的债务由个人负责；张强负责购买家庭生活所需的贵重物品。张强、陈雪在这份《夫妻婚内财产约定协议书》上签了字并进行了公证。

2001年5月，张强为抓住股市的机会，向多年的好友赵远借款20万元用作炒股票，约定借款期限为两年，按照银行同期贷款利率计算利息。但是，张强借款的时候，并没有对赵远说明其有夫妻财产书面约定。后来，张强因急功近利操作不当，炒股不但没有获利，反而被深度套牢。为此，张强变得越来越暴躁，致使夫妻感情逐渐不和，最终于2002年底与陈雪离婚了。2003年4月赵远找到张强称借款期限已到，要求他偿还20万元及利息。张强如实把股票被套牢的事实告诉了赵远，声称没有钱偿还借款。赵远于是便找到陈雪，称债务发生在他们夫妻婚姻关系存续期间，要求陈雪偿还借款。陈雪完全不知道张强借款炒股的事，赵远却来向她讨债，陈雪觉得又好气又好笑，以婚姻关系存续期间有夫妻财产约定为由，拒绝偿还。赵远交涉未果，就把张强和陈雪一并诉到法院，要求他们连带清偿债务。法院认为，根据《婚姻法解释（二）》第二十四条的规定，债权人就婚姻关系存续期间夫妻一方以个人名义所负债务主张权利的，应当按夫妻共同债务处理，但夫妻一方能够证明债权人与债务人明确约定为个人债务，或者能够证明属于《婚姻法》第十九条第三款规定情形的除外。而《婚姻法》第十九条第三款规定："夫妻对婚姻关系存续期间所得的财产约定归各自所有的，夫或妻一方对外所负的债务，第三人知道该约定的，以夫或妻一方所有的财产清偿。"在庭审调查中，法官仔细询问了赵远与张强相识交往的情况，查明赵远与张强原来是高中同学，赵远也与陈雪熟悉。赵远夫妻与张强夫妻曾经交往频繁，经常串门聊天，一起喝酒吃饭。法庭据此认为，赵远对于张强夫妻的财产约定应当是有所了解的。因此，判决认定该借款为张强的个人债务，应当由张强个人承担偿还责任。赵远服判，没有上诉。

案例二

陈致远与杨丽结婚后感情一直不和，从 2001 年开始就分居两地，却一直未办理离婚手续，两人就这么生活着。陈致远与家人平时没有联系，既不支付家庭生活费，也不分担女儿的抚养费，杨丽独自承担了抚养女儿的义务。这期间，陈致远自 2003 年 1 月至 2004 年 11 月以高额利息为许诺，先后向同事王刚借款 8 万元，约定的还款期限是 2005 年 11 月。2005 年年中，陈致远与杨丽正式办理了离婚手续，女儿由杨丽抚养。同年 11 月，王刚向陈致远追索借款，陈致远却迟迟不予偿还。2006 年初，王刚查清了借款发生期间陈致远与杨丽并未离婚，遂因此向所在区人民法院起诉，请求判令陈致远、杨丽连带偿还借款。庭审中，就该借款究竟是个人债务还是夫妻共同债务，杨丽与原告方展开了激烈的辩论，最终法庭采信了杨丽的主张。法庭认定：杨丽与陈致远多年分居两地，对该笔借款实不知情，陈致远也没将借款用于家庭共同生活。法院据此判决陈致远所借的 8 万元债务为其个人债务，杨丽不承担连带清偿责任。

债权人王刚不服一审判决，提起上诉。法庭审理查明，杨丽与

陈致远在夫妻婚姻关系存续期间没有订立夫妻财产约定协议，陈致远与王刚订立借款合同时，也没有明确约定该笔借款是陈致远的个人债务。据此，法庭认定陈致远之借款为夫妻共同债务。二审法院于是撤销一审判决，改判杨丽与陈致远对该债务负连带清偿责任。杨丽不服判决，申请再审，但最终，再审法院审理后还是维持二审判决。2008 年，法院开始对杨丽的每月收入进行强制执行，因此杨丽每月的总收入只剩下了区区 1500 元，致使其生活极其困难，悲愤难抑。

案例评析

对于婚姻关系存续期间发生的夫或妻一方所欠债务，怎样准确认定是个人债务还是共同债务并加以妥当处理，一直是司法实务中的老大难问题。这是因为，夫妻共同债务的认定涉及了多方面的利益，一方面要保护债权人的利益，防止"假离婚"逃避债务，维护正常的交易安全；另一方面又要面对婚姻家庭生活中的夫妻财产关系错综复杂的现实，保障夫妻双方的合法权益均不受侵害，避免出现确属于夫妻一方的个人债务由另一方承担的不公平现象。为此，《婚姻法解释（二）》第二十四条规定，债权人就婚姻关系存续期间夫妻一方以个人名义所负债务主张权利的，应当按夫妻共同债务处理，但夫妻一方能够证明债权人与债务人明确约定为个人债务，或者能够证明属于《婚姻法》第十九条第三款规定情形的除外。但是，这个司法解释仍然没能消除对夫妻债务问题在理论上的意见分歧和在实践中的判决不一，对此，这两宗案例就是生动的注解。

目前，由《婚姻法解释（二）》第二十四条引发的各方在微博、微信、论坛等自媒体上巨大的"网络论战"，已形成了一定的影响，并且其影响仍在继续扩大。许多在夫妻财产关系中不占主导地位的女性因为这一条款而产生了很多困扰，强烈呼吁修改完善。究其原因，就是这个解释容易导致相同的情形由不同的司法者适用，可能出现不一样甚至相反的结果。这无论对于保护债权人的利益，还是保障夫妻关系中未借款的一方的利益，都是不利的。案例一中，法院查明张强与赵远是多年好友，同时赵远亦早已认识陈雪，赵远对于张强夫妻间的财产约定是有所知悉的，同时也进一步查清了该笔借款有无用于家庭共同生活、借款时是否有夫妻间的共同合意等因素，以此最终认定该笔借款属于《婚姻法解释（二）》第二十四条规定的除外情形。也就是《婚姻法》第十九条第三款规定的，夫妻对婚姻关系存续期间所得的财产约定归各自所有的，夫或妻一方对外所负的债务，第三人知道该约定的，以夫或妻一方所有的财产清偿。由此判决该笔借款属于张强的个人债务，赵远对此也服判了。而案例二中，二审法院和再审法院则是简单地适用了《婚姻法解释（二）》第二十四条，没有对该笔借款的用途、借款的性质，以及借款时是否有夫妻间的共同合意等在查明的基础上作出合理的分析判断。虽然杨丽与陈致远无论在婚内还是离婚时都没有对债务的承担作出约定，陈致远与债权人之间也没有明确约定该笔借款属于个人借款，但是，法院由此简单认定属于夫妻共同债务，尽管也合乎法律，却不是对事实真实状态的认定，而是基于事实状态的推定。这对于杨丽而言，显然是有失公平的。

鉴于在夫妻共同债务如何处理问题上司法意见尚不统一，法律的进步需要一个渐进的过程，我们在夫妻共同生活之中，一定要对配偶的财产状态、所从事的行业等有充分的了解。这不仅是自我保护的必要手段，更是促使夫妻关系愈发健康、更为紧密的生活方式。如果离婚，一定要全面调查对方的债务情况，在离婚协议中约定好债务的承担。尽管这样的协议不一定能够对抗善意的债权人，但至少对于离婚的双方而言，具有强有力的法律约束力。（评析人：郭丽）

维权知识

★夫妻债务知识之二：谁来举证夫妻共同债务？

《婚姻法解释（二）》第二十四条规定：债权人就婚姻关系存续期间夫妻一方以个人名义所负债务主张权利的，应当按夫妻共同债务处理。但夫妻一方能够证明债权人与债务人明确约定为个人债务，或者能够证明属于《婚姻法》第十九条第三款规定情形的除外。《婚姻法》第十九条第三款规定：夫妻对婚姻关系存续期间所得的财产约定归各自所有的，夫或妻一方对外所负的债务，第三人知道该约定的，以夫或妻一方所有的财产清偿。

单从《婚姻法解释（二）》第二十四条规定看，婚姻关系存续期间，夫或妻以一方名义对外形成的债务，其举证责任分配为：债权人举证债权的存在，夫或妻一方不承认为共同债务，就应当承担举证责任，其必须证明债权人知道该债务为个人债务，否则就认定为夫妻共同债务。但事实上，不承认为共同债务的一方，要证明另一方借款不是用于夫妻共同家庭生活或债权人知道夫妻双方约定婚姻关系存续期间的财产各自所有是非常困难的。

三、约定债务个人还　无奈仍要共同还

案情简介

黎明、唐莉是一对冤家夫妻，从 2000 年 1 月结婚开始，两人就没消停过，几乎是天天吵架。他们都吵什么呢？原来丈夫黎明是个眼高手低的人，总想着挣大钱，今天想着炒股，明天又要倒卖服装，后天又计划开店，可是每一样都做不长。亏了钱也不吸取教训，没钱了就借，借了钱继续搞，搞不好亏了钱，又再借钱……妻子唐莉是个善良人，一心想过平静的生活，她对黎明这些年来的折腾，既非常厌恶也很害怕，她担心丈夫总这么折腾下去，迟早有一天连吃饭的钱都没了。

这样吵吵闹闹的婚姻维持了 5 年后，终于走到了尽头。2005 年 3 月，两人签订了《离婚协议书》，到民政局办理了协议离婚手续。唐莉多了个心眼，特意要求黎明在协议书中写明：双方婚姻关系存续期间，各自欠款由各自负责偿还，与对方无关。离婚手续办完后，唐莉长出了一口气，总算摆脱了天天借钱、担惊受怕的日子。但是，唐莉高兴得太早了！2005 年 12 月的一天，唐莉突然接到一张某区人民法院发来的传票。一个叫居某某的债权人，起诉了唐莉和黎明，要求两人偿还欠款 31000 元。

这个居某某唐莉根本就不认识。这个债务又是怎么回事呢？原来，黎明听说出海捕鱼非常赚钱，就动心了，于 2004 年 1 月跑到居某某那里买渔网。居某某所售渔网价格是 85000 元，当时黎明身上没钱，就赊账购买，并写下了一张欠条，欠条写明："今欠居××

人民币捌万伍仟元。"随后，黎明带着渔网出海捕鱼去了。结果鱼没捕到一条，渔网还被海浪冲走了。倒霉的黎明无奈之下东拼西凑勉强还了居某某 54000 元，但剩下的 31000 元，却怎么也凑不上了。居某某发觉黎明可能还不起钱了，债就追得越发紧了。黎明被迫于 2005 年 1 月 10 日写了一份还款计划："黎明欠居××人民币叁万壹仟元（有欠条），定于 2005 年 1 月 16 日前归还。如果不还，居××可起诉黎明，一切后果、一切费用全由黎明一人承担。"然而，黎明写完还款计划后就再也没还过钱，居某某着急了，就直接告到某区人民法院来，并把黎明的妻子唐莉一起告了。

　　唐莉拿着传票，真是欲哭无泪。同时，心里还存有一个巨大的疑问：《离婚协议书》中已经写明了，黎明的债务由黎明还，自己还要不要承担这个债务呢？答案很快就见分晓，案件经过开庭审理，查明黎明欠居某某 31000 元属实，一审法院认定此债务属于个人债务，判令黎明承担还款责任，唐莉不承担连带清偿责任。居某某不服一审判决，遂向某市中级人民法院提起上诉。二审法院经审理，认定该债务为夫妻共同债务，支持了居某某的请求，改判黎明、唐莉共同承担连带还款责任。面对这份终审判决，唐莉哭了，她感到无奈又无助。

案例评析

　　夫妻离婚所遇到的债务纠纷各种各样，纷繁复杂。但如本案这样已在《离婚协议书》中约定债务由举债一方承担，且举债的一方已经在还款计划书上写明由其一人还债，债主仍将另一方一并起诉请求判令承担共同清偿责任的，比较少见。那么，原配偶到底该不该共同承担债务呢？

　　《婚姻法解释（二）》第二十四条的规定，确定了一条基本原则：夫妻婚姻关系存续期间，夫妻一方形成的债务一般应作为夫妻共同债务，但夫妻一方能够证明债权人与债务人明确约定为个人债务，或者能够证明属于《婚姻法》第十九条第三款规定情形的除外。就本案而言，黎明因向居某某购买渔网而负债 31000 元，显然发生在与唐莉夫妻婚姻关系存续期间，如果法院没有将此负债认定为"个人债务的除外情形"，当然就属于夫妻共同债务。但本案还真有一个特殊之处，黎明向居某某出具的还款计划书中明确说明，债务由自己"一人"承担。那么，能否就此认定，黎明与居某某的该笔债务是个人债务呢？这是问题的关键。

黎明在还款计划书中向居某某表示，该笔欠款由其个人承担，所隐含的意思就是：借款与妻子唐莉没有关系，自己与居某某之间的债务属于自己的个人债务。但是，出具还款计划书是黎明的单方行为，不能认定居某某对此是认同的，或者说是双方协商一致的行为。如果黎明在此前的欠条上注明是个人债务，则本案可被认定为是协商一致的个人债务。欠条虽然也是黎明个人所写，但居某某是确认了欠条内容才会借钱给黎明的，是双方合意的合同。由此，黎明仅在还款计划书上将该笔债务约定为个人债务，对居某某不发生效力。对居某某来说，该笔债务仍属于黎明与唐莉婚姻关系存续期间的夫妻共同债务，即使离婚了，唐莉仍然要与黎明共同承担连带清偿责任。那么，黎明与唐莉在《离婚协议书》中约定债务由举债方自己承担，难道就没有一点作用吗？当然不是，该约定在黎明与唐莉之间是有效的。本案中，唐莉如果偿还了居某某的欠款 31000 元后，是可以依据《离婚协议书》起诉要求黎明归还这 31000 元的。换句话说，离婚协议中关于债务承担的约定，对离婚双方有约束力，但不能对抗第三人。

本案提示，当夫妻一方在向外举债时，如果不想借债行为牵连到另一方，就应当在借款时向对方明确说明，这是自己的单方行为，这样才能避免配偶方受牵连。（评析人：杜芹）

维权知识

★夫妻债务知识之三：广东省高级人民法院对《婚姻法解释（二）》第二十四条，提出了怎样的指导意见？

广东省高级人民法院于 2006 年出台了《关于审理婚姻纠纷案件若干问题的指导意见》（简称《意见》），该《意见》第七条就《婚姻法解释（二）》第二十四条作出了补充指导意见：对于夫妻一方在婚姻关系存续期间以个人名义所负的债务，债权人请求按夫妻共同债务处理的，如夫妻一方不能证明该债务已明确约定为个人债务或属于《婚姻法》第十九条第三款规定情形，人民法院应当按夫妻共同债务处理。但审判人员根据案件已知事实和日常生活经验法则，判定同时存在以下三种情形的，可按个人债务处理：①夫妻双方不存在举债的合意且未共同分享该债务所带来的利益；②该债务不是用于夫妻双方应履行的法定义务或道德义务；③债务形成时，债权人有理由相信该债务不是为债务人的家庭共同利益而设立。

四、夫妻本是同林鸟　一朝两散债共担

案情简介

　　冯某与吴霞于 2006 年 9 月办理了协议离婚手续，从此成了陌路人，但两人之间的事情并未随着夫妻关系的终结而结束。原来，2005 年 6 月冯某曾以个人名义向梁某借款 5 万元，并写下借据，约定一个月内归还，没有约定利息。2006 年 1 月，冯某因犯罪被判刑。后梁某多次催冯某还款无果，遂将冯某与吴霞夫妻二人告上法庭，请求法院判令冯某与吴霞共同偿还 5 万元及利息并承担连带清偿责任。

　　法院审理查明，被告冯某向原告梁某借款 5 万元的事实发生在冯某与吴霞婚姻关系存续期间，有原告梁某提供的借据为证，冯某无异议。吴霞虽然坚持称对此借款的发生以及借款的用途不知情，且双方离婚时冯某也未提及有此债务，但不能提供相关证据来证明冯某向梁某的借款属于其个人债务。于是，法院认定该借款为冯某与吴霞婚姻关系存续期间的共同债务，遂根据《婚姻法解释（二）》第二十四条之规定，即债权人就婚姻关系存续期间夫妻一方以个人名义所负债务主张权利的，应当按夫妻共同债务处理，作出判决：①被告冯某、吴霞在本判决发生法律效力之日起十日内共同偿还 5 万元给原告梁某；②限被告冯某、吴霞在本判决发生法律效力之日起十日内共同偿还 5 万元的利息（按中国人民银行同期贷款利率计算，从 2005 年 7 月 6 日起计至给付日止）给原告梁某；③被告冯某、吴霞对上述款项承担连带清偿责任。

案例评析

夫妻本是同林鸟，一朝两散各自飞。本案中的吴霞在以为自己可以自由飞翔之际，却被前夫名下的一笔欠债牵扯摊上了官司，法院判决她也要承担还债责任，真可谓"一朝两散债共担"。由于冯某名下的这笔债务发生在两人婚姻关系存续期间，有可能是冯某为夫妻共同生活而举债而吴霞事后不认可，也有可能纯粹是由于冯某个人原因借债而与吴霞没有一毛钱关系，但目前法律规定得很明确，即便吴霞已经和冯某离婚了，即使她不承认该笔借款是夫妻共同债务，她也脱不了干系，因为她无法证明该借款属于冯某个人债务，最终也只得承担夫妻共同清偿债务的责任。

目前，最高人民法院所作的夫妻共同债务的相关司法解释是，债权人就婚姻关系存续期间夫妻一方以个人名义所负债务主张权利的，应当按夫妻共同债务处理［即《婚姻法解释（二）》第二十四条］。法学理论界和司法实务界对此解释的合法性和合理性，一直存有较大争议，赞成和反对的理由都很充分，但对于婚姻当事人来说，这已经不是你赞成不赞成的选择了，而是现实的法律约束和切实的利害损益，哪怕两人离婚已经解除了夫妻关系，也不能消除这种约束。本案中，冯某欠债是在双方婚姻关系存续期间发生的事，因吴霞无法提供证据证明该债务属于冯某个人债务，法院认定（实际上是推定）冯某向梁某借款5万元属于夫妻共同债务，支持梁某要求吴霞对借款5万元及利息承担连带清偿责任，是符合目前法律规定的。对此，吴霞也不能以双方已经离婚作为抗辩理由，因为该司法解释第二十五条规定："当事人的离婚协议或者人民法院的判决书、裁定书、调解书已经对夫妻财产分割问题作出处理的，债权人仍有权就夫妻共同债务向男女双方主张权利。一方就共同债务承担连带清偿责任后，基于离婚协议或者人民法院的法律文书向另一方主张追偿的，人民法院应当支持。"由此，若吴霞觉得确实太无辜，自己莫名其妙成了"冤大头"，就应当向冯某追偿，如冯某仍拒不偿还，她也只能通过另一场诉讼来维护自己的合法权益了。

（评析人：郭惠银）

维权知识

★夫妻债务知识之四：夫妻共同债务具体包括哪些方面？

概括地说，夫妻共同债务指的是基于夫妻共同生活的需要，以及对共同财产的管理、使用、收益和处分而产生的债务，包括夫妻共同生活所负的债务和夫妻共同经营所负的债务。具体的范围包括以下十个方面：

（1）婚前一方借款购置的财产已转化为夫妻共同财产，为购置这些财产所负的债务；

（2）夫妻为家庭共同生活所负的债务；

（3）夫妻共同从事生产、经营活动所负的债务，或者一方从事生产经营活动，经营收入用于家庭生活或配偶分享所负的债务；

（4）夫妻一方或者双方治病以及为负有法定义务的人治病所负的债务；

（5）因抚养子女所负的债务；

（6）因赡养负有赡养义务的老人所负的债务；

（7）为支付夫妻一方或双方的教育、培训费用所负的债务；

（8）为支付正当必要的社会交往费用所负的债务；

（9）夫妻协议约定为共同债务的债务；

（10）其他应当认定为夫妻共同债务的债务。

五、夫妻离合再反复　治病债务共承担

案情简介

1983 年 9 月，刘威与江淑经人介绍相识恋爱，第二年初两人到民政部门办理了结婚登记手续。两人虽说是自由恋爱结婚的，且婚后生育了两个子女，但夫妻感情一般，在共同生活过程中，双方因性格不合时常发生矛盾。正如托尔斯泰在其作品《安娜·卡列尼娜》中写道："幸福的家庭都是相似的，不幸的家庭却各有各的不幸。"刘威和江淑家庭生活的不幸，主要是因为双方性格差异太大，又互不相让，由此造成在日常生活中磕磕碰碰，冲突不断。刘威与江淑为了给孩子们一个健全的家庭，仍苦苦维持着并不令人满意的婚姻生活，日子在无数次争吵中静静地流逝着。

就在两人结婚 20 周年后的一天，因为生活中一件鸡毛蒜皮的小事，刘威与江淑又发生了一次激烈的争吵。这一次争吵，将夫妻俩对婚姻的最后一丝热情彻底浇灭了，两人一气之下就办理了离婚手续。由于事出突然，双方的亲朋好友一开始都被蒙在鼓里，当亲友们知道后立即展开了一轮又一轮的劝解，希望刘威和江淑从子女的健康成长考虑，复婚再组家庭。刘威和江淑禁不起亲友们一遍遍的劝说，在次年办理了复婚手续，恢复了夫妻关系。复婚时，双方还专门订立了一份《夫妻责任书》，约定刘威每月向江淑支付生活费 1500 元用于家庭日常开支。可是，复婚后不足 5 个月，刘威就开始经常夜不归宿了，江淑猜疑他有不正当的男女关系。这样一来，夫妻间的矛盾又升级了，双方因此彻底分居。到了 2007 年，刘威向法院起诉要求与江淑离婚，但法院认为两人仍有和好的可能，应给予双方一次和好的机会，遂判决不准离婚。此后，夫妻俩已形同陌路，继续分居生活，夫妻关系名存实亡。

2008 年初，刘威再次向法院提起离婚诉讼。江淑已经对婚姻不抱一点希望了，对离婚没有异议，但提出自己在和刘威婚姻关系存续期间没有什么收入，有一次生病没钱医治，只能向别人借了 2 万多元，这笔借款应该属于夫妻共同债务。刘威却认为江淑生病借钱，一是钱只用于她本人，没有用到整个家庭上；二是只有医院发票佐证，难以证明借款的存在。因此，刘威不愿意共同承担这部分借款。此外，双方在夫妻共同财产分割上也存在不同的意见。

江淑觉得自己不懂法，不懂怎样打官司，在人脉关系和经济实力方面也远远不如刘威，因此担心案件审理结果对自己不公、不利。江淑于是来到河源市某县妇联求助。县妇联工作人员详细了解案情后，也认为双方的婚姻确已走到了尽头，双方对婚姻关系存续期间发生的债务处理存在较大分歧，江淑积极维护自己的合法权益，值得肯定和支持。县妇联马上与法院取得了联系，对案情提出看法，县妇联认为双方对夫妻共同财产分割和共同债务分担所持的争议，事实清楚，法律关系简单，建议法庭站在维护妇女合法权益的角度公平、公正地审理此案。法庭在审理查明事实后，主持双方进行了法庭调解，县妇联也应邀积极配合做好调解工作。法庭认为，江淑在婚姻关系存续期间，因治病向他人所借的 2 万多元，有江淑出具的医院的正式票据等系列证据证明，结合江淑的收入状况，可以得出该借款用于治病支出的结论，刘威持怀疑态度并无充足根据和理由，刘威应该共同负担。经过调解，刘威同意该笔借款为夫妻共同债务，愿意承担其中的一半债务，双方对其他夫妻共同财产的分割，也达成了一致意见。

案例评析

婚姻法规定，夫妻之间相互负有扶养的义务。在本案中，江淑

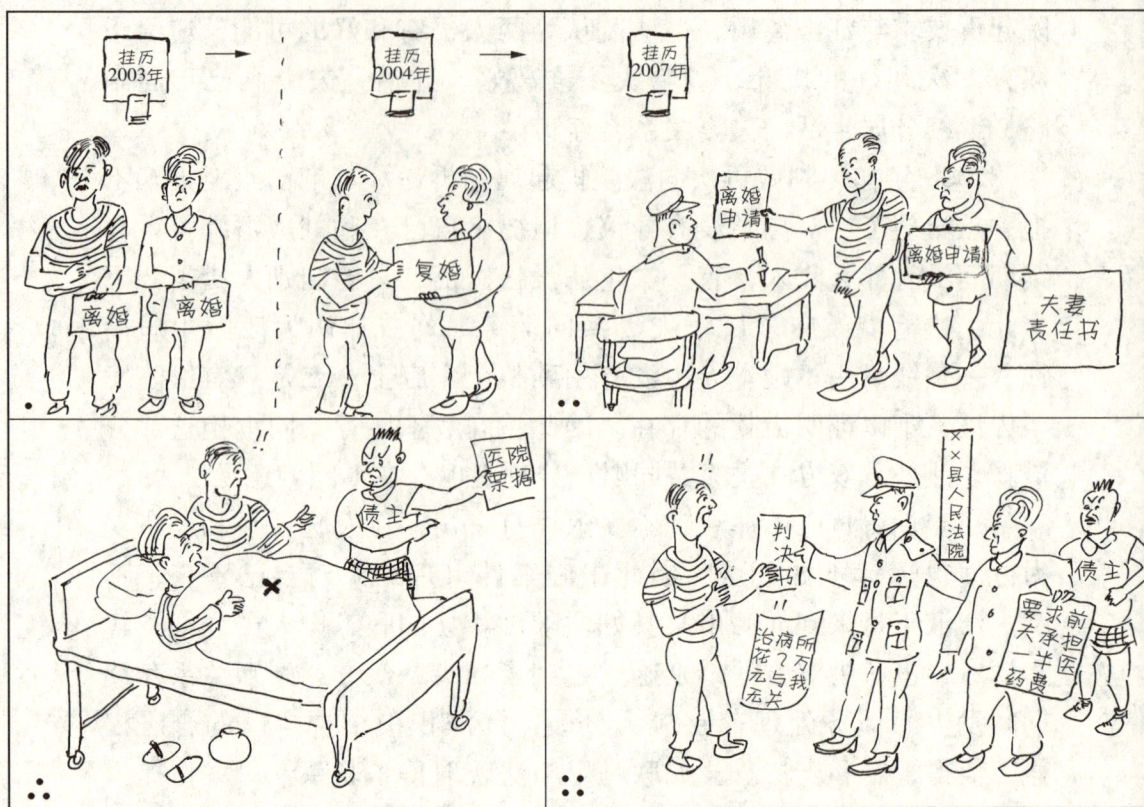

生病了，作为配偶的刘威，本应想方设法帮其治病，但由于两人性格不合、日常生活中矛盾较多导致夫妻感情淡漠，他就不管不问，不尽义务，这种行为既不符合婚姻家庭伦理道德，也不符合法律的规定。江淑由于经济收入所迫，无奈向外借债用于治病，刘威却以钱只用于她本人没有用到整个家庭上为由，不承认该借款为夫妻共同债务，不同意共同偿还，这是毫无法律依据的主张，不可能得到法庭的认可和支持。

夫妻共同生活的具体形式十分丰富，一方生病、治病，是共同生活中常见的事情。由于治病对外所负的债务，应当认定为夫妻共同生活中发生的共同债务，需要由夫妻共同承担，这是理所当然的。我国《婚姻法》第四十一条规定："离婚时，原为夫妻共同生活所负的债务，应当共同偿还。共同财产不足清偿的，或财产归各自所有的，由双方协议清偿；协议不成时，由人民法院判决。"虽说感情是婚姻的基础，但感情却不是婚姻的全部，还有不可缺失的双方彼此扶养的法定义务。因此，刘威和江淑性格不合、感情不好，并不能成为其不承担法律责任的理由。本案最后以调解结案，效果较好，刘威同意该笔借款为夫妻共同债务并承担其中的一半债务，这也是他认识到了自己的主张无理无据的合理结果。若调解不成由法院判决，他一样会被判决承担责任。（评析人：陈秋鹏）

维权知识

★夫妻债务知识之五：夫妻一方以个人名义所欠的债务，是不是共同债务？

这个问题比较复杂。实践中，对于夫妻中以一方名义对外举债，应当如何认定其性质的问题，以债务形成时间或者阶段作为切入点，进行性质分析认定，一般分为结婚前所欠债务和婚姻关系存续期间所欠债务两种情形。第一，婚前以个人名义所欠的债务。对于一方婚前已经形成的债务，原则上认定为夫妻中一方的个人债务；但债权人能够证明该债务用于婚后共同生活的，应当认定为共同债务，由夫妻双方共同偿还。第二，婚姻关系存续期间以一方名义所欠的债务。按照司法解释的规定，原则上应当认定为夫妻共同债务，应该由夫妻共同偿还。但是，夫妻一方能够证明债权人与债务人明确约定为个人债务，或者能够证明属于《婚姻法》第十九条第三款规定情形的除外。而《婚姻法》第十九条第三款规定，夫妻对婚姻关系存续期间所得的财产约定归各自所有的，夫或妻一方对外所负的债务，第三人知道该约定的，以夫或妻一方所有的财产清偿。

六、网络赌博夫借款　个人债务妻拒偿

案情简介

雯雯与丈夫阿雄于 2005 年 12 月登记结婚，婚后夫妻感情平稳，家庭生活没有出现大的风波。但最近雯雯却和丈夫一起被人告上了法庭。

原来，阿雄于 2014 年与债权人万某签下了一份借据，借据上载明："今借到万×现金 11 万元整，于 2014 年 11 月 25 日前归还。借款人：阿雄。2014 年 2 月 3 日。"阿雄承认借款属实，借据上的签名和指印是自己的，借款期限届满后他没有按照约定归还借款。债权人万某经多次向阿雄催讨未果后，遂起诉到人民法院，要求判令雯雯与其丈夫阿雄连带清偿该笔借款。接到法院应诉通知后，雯雯既莫名其妙又焦虑不安，她认为和阿雄结婚后夫妻双方各自经济独立，自己有固定的工作和稳定的收入来源，近两年家庭也没有购置重大财物和其他大额开支，根本没有必要向外人借钱，更不可能向她不熟悉的万某借这样一笔巨款。雯雯再三质问丈夫是怎么回事，丈夫只是支支吾吾地承认借钱之事属实。雯雯联想到丈夫阿雄平常有赌博恶习，顿时就明白过来了，他所借的款项一定是拿去赌博了，不可能是把钱花在了夫妻共同生活上。一想到自己婚后经济独立，根本不需要仰仗丈夫挣钱养家，如今却被人告上法庭为丈夫借债滥赌买单，雯雯就悲愤不已，情绪焦虑得几乎失控。雯雯担心会被法院判决承担清偿债务的责任，于是她忐忑不安地前来妇女维权与信息服务站，咨询如何保护自己的合法权益。

服务站工作人员倾听了雯雯的陈述和维权诉求后，首先对雯雯进行了情绪辅导，让其情绪稳定后详细地陈述个案的具体情况。工作人员了解到，阿雄立借据时雯雯不在场；借款后，阿雄从来没有告诉过雯雯这笔借款的情况，雯雯根本不知道阿雄借钱的原因以及款项的用途和使用情况，直至被债权人万某起诉后，雯雯才知道这笔借款的存在。雯雯称，最近两年家庭没有重大消费支出，经她再三追问丈夫，阿雄才承认该笔借款被他用来网上赌博挥霍了。为此，服务站工作人员建议雯雯立即收集证据，尽可能找出各种证据来证明阿雄将该笔借款用于赌博。在服务站工作人员的指导下，雯雯主动与阿雄沟通了解情况，并在阿雄经常使用的电脑中上网查找证据，搜集到了阿雄在网上进行彩票赌博的一些交易记录，这些交易记录均发生在他向万某借款前后的时间。雯雯将这些交易记录进行保存后，作为证据提交给法庭，用以证明阿雄所借的款项是用于网络赌博；同时，雯雯也向法庭提供了工作证明、银行账户等证明自己经济收入情况的书证，证实其有稳定的工资收入，无须通过借款来维持正常的婚姻家庭生活开支。

雯雯由于得到了服务站的有效帮助，在法庭上表现得底气十足，答辩和陈述自己不应当承担清偿债务连带责任的主张时，有理有据，有条不紊，她的诉求也得到了法庭的支持。法庭认为：该案中的现有证据，无法证实阿雄将借款用于为共同生活而从事的经营活动，雯雯也未分享该债务所带来的利益；该案借款11万元，数额巨大，已超出了一般夫妻间家事代理的权限，且根据日常生活经验法则，这笔借款的金额远远超出一般家庭的日常生活开支范围，而万某也不能举证证明这笔借款用于夫妻共同生活。据此，法院最后判决阿雄在判决生效后十天内向万某归还借款11万元及逾期利息，驳回万某的其他诉讼请求。

案例评析

本案中，雯雯从担心被法院判决承担清偿丈夫巨额债务的责任

而又无计可施，到最后成功胜诉的经历，对人们处理夫妻婚姻家庭生活中发生的债务问题，颇有启示。

首先，要准确理解夫妻共同债务的法律含义。随着市场经济的不断繁荣发展，夫妻越来越多地参与到各种经济活动中去，民事交易活动频繁，夫妻为了共同或各自的目的从事生产、经营、理财、消费等活动，负债现象十分普遍，夫妻债务问题日益复杂多样。夫妻债务是指夫妻一方或双方在婚前或婚姻关系存续期间与第三人进行民商事活动中所负的债务，它包括夫妻共同债务和夫妻个人债务。《婚姻法》第四十一条规定："离婚时，原为夫妻共同生活所负的债务，应当共同偿还。共同财产不足清偿的，或财产归各自所有的，由双方协议清偿；协议不成时，由人民法院判决。"这明确了夫妻共同债务的概念，再结合《婚姻法解释（二）》第二十三条、第二十四条的规定，确定婚姻关系存续期间的债务属于夫妻个人债务还是夫妻共同债务，有两个判断标准：一是夫妻有无共同举债的合意，如果夫妻有共同举债的合意，则不论该债务所带来的利益是否为夫妻所共享，该债务均应视为夫妻共同债务；二是夫妻是否分享了债务所带来的利益，尽管夫妻事先或事后均没有共同举债的合意，但该债务发生后，夫妻双方共同分享了该债务所带来的利益，则同样应视其为共同债务。本案中，雯雯对丈夫的涉案债务是毫不知情的，借据上只有丈夫阿雄的签名，雯雯没有共同举债的合意；阿雄所举债务未用于家庭共同生活所需，雯雯也未从中获得任何利益，故法庭不予认定是夫妻共同债务。

其次，要以证据说话。如果有证据来说明债务是夫妻一方的个人债务，债权人只能对其主张权利。实践中，这是许多当事人最为困惑的地方，一旦纠纷发生了，她或他总是认为，明明债务与我无关，我也不知道怎么回事，凭什么要我承担责任？但仅仅主张与自己无关是于事无补的，目前的法律规定实质上是更侧重于保护债权人的权益，除非你能举证充分证明该债务确实与你无关，一般情况下法庭不会支持你的请求。因此，能否提供证据来证明是夫妻一方的个人债务，就成了胜败的关键。本案中，雯雯在妇女维权与信息服务站工作人员的指导下，成功搜集到了阿雄在网上进行彩票赌博的交易记录，作为证据提交给法庭，证明了阿雄借款是用于网络赌博；同时也向法庭提供了能证明自己经济收入良好的书证，证明其夫妻家庭共同生活无须用到涉案借款。由于雯雯举证充分，法庭因此认定涉案债务不是夫妻共同债务，判决雯雯不需要承担连带清偿责任。（评析人：易健华）

维权知识

★夫妻债务知识之六：什么是生活性夫妻共同债务？

所谓生活性夫妻共同债务，是指婚姻关系存续期间，夫妻双方或一方因共同生活需要引起的债务。这是最常见的夫妻共同债务，一般包括如下几种：①为购置共同生活用品所负的债务；②为购买、装修、修缮共同居住的房屋所负的债务；③夫妻因正常取得、管理、使用、收益、处分共同财产所形成的债务；④为支付一方医疗费用所负担的债务；⑤夫妻一方或双方为履行法定扶养或赡养义务所负的债务；⑥为支付夫妻一方或双方的教育、培训费用所负的债务；⑦夫妻从事正当的文化、教育、体育、娱乐活动等所负的债务；⑧为支付正当必要的社会交往费用所负的债务。

七、妻子经营出意外　丈夫拒债不合法

案情简介

丈夫王文是一名老师，收入稳定，受人尊重；妻子李娇承包园地种植经济作物，创业致富；夫妻俩同心协力，家庭和美幸福。2006 年 8 月 29 日，李娇聘请技术人员荣某协助维修园地的抽水用电线路。谁知天降横祸，在维修过程中，荣某不慎被电击死亡。荣某父亲在处理完儿子丧事后，找到李娇讨要说法。李娇认为其儿子死亡是在维修过程中操作不当所致，其本人也存在过错，理应承担部分责任，双方无法就赔偿一事达成一致。于是荣某父亲将此事诉于湛江市某县某镇人民政府及人民调解委员会。在详细了解事情的经过缘由后，调解委组织双方进行了多次调解工作，最终李娇同意赔偿荣某父亲 4 万元，李娇与荣某父亲签订调解协议书，李娇当场给付荣某父亲 2 万元赔偿金。

在调解结束后，荣某父亲找李娇给付剩余的赔偿金，李娇以家庭经济困难为由，不再支付剩余的 2 万元赔偿金，双方陷入争执僵局。在这种情况下，荣某父亲想到了李娇的丈夫王文，于是找到王文追讨 2 万元赔偿金。但王文拒绝，称这是妻子李娇自己的事情，和自己没有什么关系。在多次交涉未果的情况下，荣某父亲在法律援助律师的帮助下，向某县人民法院起诉李娇与王文夫妇。在开庭审理中，王文答辩称，他自己是公职教师，该园地是妻子李娇个人承包经营的，所以在经营过程中产生的相关债务，应该是妻子李娇的个人债务，而且调解协议书也是妻子李娇一个人签的，与自己无

关。为尽量调解结案，法律援助律师多次和李娇、王文夫妻进行沟通，法官在不影响案件审理期限的情况下，也给了一定的时间做双方工作。双方经过充分协商，最终在法庭主持下达成了调解协议，王文夫妻再赔偿 15000 元，某县人民法院于 2008 年 1 月 30 日作出《民事调解书》确认了上述调解协议，李娇、王文当一次性给付荣某父亲 15000 元。

案例评析

随着社会的发展，市场经济浪潮席卷了每个家庭。家庭夫妻双方或一方创业致富是社会常态，而且适合妇女创业的项目也越来越多，妇女们也可以撑起半边天，成就自己的一番事业。但是，家庭及家庭成员在对外经济活动中，不可避免地会发生债权债务纠纷，本案就是生动的一例。

本案中，妻子李娇一人承包园地经营生产，为家庭创收致富，在聘请工人维修时发生了人身损害纠纷需要担责，由此产生了赔偿债务。这项债务是不是李娇的个人债务，是本案的焦点。李娇与王文结婚在前，承包园地在后，园地虽由妻子李娇一人经营，但该债务发生在夫妻婚姻关系存续期间，夫妻二人共同生活在一起，这期间的债务应当认定为夫妻共同债务，债权人向李娇及其丈夫追责依法有据。对此，《最高人民法院关于贯彻执行〈中华人民共和国民法通则〉若干问题的意见（试行）》第四十三条规定："在夫妻关系存续期间，一方从事个体经营或者承包经营的，其收入为夫妻共有财产，债务亦应以夫妻共有财产清偿。"如果夫妻一方有足够的证据，证明另一方当事人对外所负债务未用于夫妻共同生产生活，应认定该债务属于一方当事人的个人债务，如果没有足够证据证明是个人债务，该债务应认定为夫妻共同债务。显然，王文不能举证证明妻子的经营收入不是夫妻共同财产，其主张"园地是妻子李娇个人承包经营的，所以在经营过程中产生的相关债务，应该是妻子李娇的个人债务"，不可能得到法庭的支持。

王文的另一项主张认为，调解协议书是妻子一人签名的，因此与他无关。实际上，他想说的是妻子李娇以她自己的名义承诺了赔偿款，就是她个人的债务，不能牵连到他。其实，这也是最常见的人们对夫妻共同债务的误读和误解。根据《婚姻法解释（二）》第二十四条的规定："债权人就婚姻关系存续期间夫妻一方以个人名义所负债务主张权利的，应当按夫妻共同债务处理。"在夫妻关系中，除非你能举证证明债权人和你的丈夫或妻子明确约定了，所发生的债务是其个人债务；或者能够举证充分证明该笔债务没有用在夫妻共同生活上。（评析人：陈敏斌）

维权知识

★夫妻债务知识之七：什么是经营性夫妻共同债务？

所谓经营性夫妻共同债务，是指夫妻因为从事生产、经营等营利性活动所负的债务。这类债务在当今市场经济发展过程中越来越多见，一般包括以下几种：①婚前购置经济动植物及有价证券等，在婚后产生收益，该收益为夫妻共同享有，为购置这些财产所负的债务；②夫妻共同从事工商业或在农村承包经营中所负的债务；③购买生产资料所负的债务；④共同从事投资或其他金融活动所负的债务；⑤夫妻一方从事上述生产、经营活动，所得收益主要用于家庭共同生活需要，或夫妻另一方也分享了该生产经营活动收益，一方从事上述生产、经营活动所负的债务。

八、一份协议经公证　两场官司定纷争

案情简介

　　刘女与李男于 2012 年初经人介绍相识，2013 年登记结婚。双方在结婚时签订了一份《夫妻财产协议书》，约定李男婚前购买的一处房产为夫妻共同财产，双方对该房的银行按揭贷款均承担偿还责任，两人还去公证处为这份协议书做了公证。但这对夫妻的美好生活没有持续多久就出现了问题，2014 年 7 月，李男对刘女实施了严重的家庭暴力，导致双方于同年 9 月开始分居。2015 年刘女向法院提起诉讼，请求判决离婚、分割夫妻共同财产。

　　法院经审理认为，对于离婚纠纷，双方均确认分居，夫妻感情已破裂，经调解双方确认无和好可能，故判令解除双方的婚姻关系；对于夫妻共同财产分割，刘女要求分得房屋，而李男亦同意，故将房屋的相关权益判归刘女享有，刘女补偿房屋分割的差价给李男。至于夫妻共同债务问题，情况稍微复杂一些，在案件的审理过程中，李男提出为购买及装修涉案房屋曾向其父亲借款，要求双方承担该夫妻共同债务；而刘女认为，除了房屋的按揭借款外并没有其他夫妻共同债务。对此，法院认定该房屋的银行按揭贷款为夫妻共同债务，由于房屋的法律受益权归刘女享有，故法院判令由刘女偿还银行贷款，为方便刘女及时还贷，李男一次性支付银行按揭贷款余额的 50% 给刘女。而李男所主张的其为支付房屋首期款向李父借款 30000 元，为装修房屋向李父借款 45000 元，法院不作处理，由债权人另案起诉。

随后，李父向法院另案起诉了李男、刘女，要求两被告对债务承担连带清偿责任。在李父起诉的借款纠纷案件的审理中，李男对借款的事实予以确认，而刘女则否认有借款的事实，认为借据是李男婚前签署的，即使李男借款是事实，亦只能认定是婚前个人债务，与刘女无关。法院经审查认为，李男确认其向李父借款，故李父要求李男返还借款合法有据，法院予以支持。案件争议的焦点是借款是否是夫妻共同债务。李男对李父的第一笔借款是婚前借了30000元，从债务形成时间上看，该笔债务发生于婚前，并且李男与刘女经过公证处公证的《夫妻财产协议书》在约定房屋为夫妻共同财产的同时，亦约定基于该房屋产生的银行按揭贷款由夫妻两人负担。如果当时有因支付该房屋首期款而产生的共同债务，按常理不可能不在该协议书中一并予以确认，故法院认定该30000元的借款不属于夫妻共同债务，刘女无须负共同偿还责任。对于另一笔45000元的借款，该笔债务发生在两被告婚姻关系存续期间，同时夫妻俩均确认在该期间有装修房屋的事实，且大部分装修款由李男支付，结合两人的收入情况，李男向李父借款支付装修款，符合常理，法院予以采信。该45000元的债务应为夫妻共同债务，判令刘女对45000元借款承担共同清偿责任。刘女服判，没有上诉。至此，原本一对和睦的夫妻因为丈夫的一次严重家暴而引发的离婚和债务两场官司画上了句号。

案例评析

本案的夫妻财产纠纷处理有两个显著特点：一是双方在结婚时就签订了一份《夫妻财产协议书》，约定了一方婚前购买的房产为夫妻共同财产，双方还去公证处做了公证；二是法院对一方主张的夫妻共同债务，因债权人没有主张而不予处理。

对于第一点，《婚姻法》第十九条规定："夫妻可以约定婚姻关系存续期间所得的财产以及婚前财产归各自所有、共同所有或部分各自所有、部分共同所有。约定应当采用书面形式。"李男与刘女

签订《夫妻财产协议书》并依法办理了公证，该协议对双方有约束力。依据《夫妻财产协议书》的内容，李男同意将其婚前购买的房屋作为夫妻共同财产。这个做法，很值得人们在处理夫妻财产关系时借鉴和参考，现有房产是李男在婚前首付并按揭所购置，按现行的法律规定，若无特别约定，该房产所有权应当归属于李男，正因为有了这个协议，遭受严重家暴的刘女才有可能主张自己分得还在按揭的现有房产，也避免了更多、更复杂的法律问题。

第二点是如何认定夫妻共同债务的问题。是否存在夫妻共同债务，应结合借款形成的时间、债权人与债务人的关系、借款用途、离婚双方的收入情况、生活常理等进行综合判断。就房产按揭债务来说，李男与刘女双方确认该房的银行按揭贷款为夫妻共同债务，故法院判决对于该房的银行按揭贷款按夫妻共同债务处理，双方各承担50%的偿还责任。由于房屋判归刘女所有，为利于及时归还按揭贷款，故由刘女直接向银行偿还贷款，而李男一次性向刘女支付其应付的银行按揭贷款。

对是否存在李父所主张的共同债务，也应当根据债务发生的时间来判断。《婚姻法解释（二）》第二十四条规定："债权人就婚姻关系存续期间夫妻一方以个人名义所负债务主张权利的，应当按夫妻共同债务处理，但夫妻一方能够证明债权人与债务人明确约定为个人债务，或者能够证明属于《婚姻法》第十九条第三款规定情形的除外。"李父所主张的债权中，其中一笔45000元的借款发生在刘李两人婚姻关系存续期间，且夫妻双方确认有装修房屋的事实，法院综合案情的具体情况后，认定该45000元的债务为夫妻共同债务；而另一笔30000元的借款发生在刘李两人结婚前，并且双方在《夫妻财产协议书》中没有确认该30000元为夫妻共同债务，故法院认定该债务不是夫妻共同债务。因此，法院根据《婚姻法》第四十一条的规定："离婚时，原为夫妻共同生活所负的债务，应当共同偿还。"判决刘女对45000元借款承担共同清偿责任，是正确的。（评析人：易健华）

维权知识

★一般情形下，法院怎样处理离婚诉讼中的债务问题？

（1）离婚诉讼中对债务进行处理，首先得认定债务是否存在，判断是夫妻共同债务还是夫妻个人债务，然后确立债务承担的民事责任。如果在实体上认定债务是夫妻共同债务，则应由夫妻共同承担债务清偿责任。在对债务进行具体处理时，允许离婚双方对债务的清偿进行协议，明显的逃避债务的约定除外。如果在实体上认定债务是夫妻个人债务，则应由一方单独承担债务的清偿责任。

（2）对于有争议的夫妻债务纠纷，为正确审理及认定夫妻债务，将夫妻债务纠纷与离婚纠纷分开审理，由债权人以离婚双方为共同被告另案提起借款纠纷的诉讼。

（3）在夫妻共同债务中，夫妻双方是共同连带债务人，对共同债务的清偿承担无限连带责任，该连带责任不因离婚债务的分割而改变或免除。

九、虚构债务六十万　虚假诉讼逃分产

案情简介

2008 年 10 月，丈夫阿华起诉妻子阿项要求离婚。2010 年 6 月，一审法院作出判决，准予阿华与阿英离婚，并对婚生女儿的抚养及夫妻共同财产进行了分割处理。根据判决，双方支付款抵减后，阿华须在判决生效之日起十日内支付 258850 元给阿英。阿华对一审法院所作的关于女儿抚养和财产处理的判决均不服，提起上诉。同年 12 月，二审法院作出终审判决，维持一审判决准予离婚和财产分割处理部分。但阿华拒绝向阿英给付应得款项，于是阿英向法院申请执行生效判决。不料，当执行法官送达执行通知书给阿华时，阿华竟然神情淡定地说道："张×因为我夫妻俩借款 60 万元逾期未还，向××法院起诉了我们，法院已经作出判决要我与阿英共同偿还。"阿华将一份判决书交给了执行法官。

阿英根本就不知道发生过这样一场债务官司，当看到执行法官出示的判决书时，她目瞪口呆，不敢相信这是真的。原来，阿华为了逃避与阿英分割夫妻共同财产，居然在离婚诉讼二审期间与张某合谋上演了一出瞒天过海的戏码，伪造了一份借据，虚构阿华向张某借款 60 万元逾期未还的事实，由张某向法院提起诉讼。某法院据此作出了一份判决，判令阿华、阿英共同偿还 60 万元借款及利息给张某。阿英想到，阿华在两人婚姻关系存续期间先是有外遇，后又转移财产提起离婚诉讼，法院判决离婚后，他不但不按判决书要求分割和给付自己应得的共同财产份额，反而伪造出 60 万元的夫妻共同债务，通过法院判决来迫使她共同偿还事实上不存在的这笔巨额借款及利息，她不禁悲愤万分，只想一死了之。幸好，阿英的自杀行为被亲人及时发现和劝阻，悲剧得以避免。在亲人和社区主任的耐心疏导下，阿英放弃了轻生念头，来到广东省妇女维权与信息服务站（湛江站）寻求帮助。

服务站工作人员姚律师认真研究了阿英提交的材料，发现张某起诉阿华夫妻偿还借款一案，疑点重重，事实不清，涉嫌虚假债务诉讼，办案人违反法定程序，侵害了阿英的合法权益。于是，鼓励并指导阿英向检察院、法院、司法局等部门提出申诉，请求有关部门对这宗虚假债务诉讼依法查处。同时，服务站抓住广东省检察院刚好出台了《关于对民事诉讼欺诈加强法律监督的指导意见》的契机，向市检察院提交了法律意见书，请求对该案进行检察监督，以打击虚假债务诉讼，为阿英讨回公道。市妇联高度重视阿英的维权诉求，建议市检察院及时进行监督，市检察院于是指定了某区检察院对该案立案监督。经查实，张某和阿华双方并不存在60万元借贷债权关系，这是一宗伪造借据、虚构借款事实的典型虚假债务诉讼。最终，阿英的合法权益得到了切实维护。

案例评析

离婚诉讼中，一方出于各种各样的动机不想让对方依法获得共同财产分割份额，于是千方百计隐藏、转移、变卖、毁损夫妻共同财产，这样的情形并不少见。本案中，阿华的行为实质上也是如此，但他居然采用了虚构债务、虚假诉讼的方式，企图让阿英不但分不成共同财产，还要承担共同债务，结果导致阿英痛不欲生，真可谓居心叵测，令人愤慨。然而，阿华终究失算了。

本案中，广东省妇女维权与信息服务站（湛江站）为阿英维权成功的关键是准确判断了阿华涉嫌以虚假诉讼败诉的方式逃避分割夫妻共同财产，进而通过请求检察机关依法行使诉讼监督权，揭穿了"夫妻共同债务"的真面目。服务站工作人员姚律师凭着丰富经

验，在审查阿英提交的材料时发现某法院对阿华、阿英"夫妻共同债务"的判决违反法定程序，存在认定事实不清情况，市妇联领导对此十分重视，建议市检察院及时进行监督。市检察院于是指定某区检察院对该案立案监督，查实了这是一宗伪造借据、虚构借款事实的虚假诉讼，为法院依法纠正错案、维护阿英的合法权益提供了有效、有力的证据。

本案中，阿英能在几乎面临绝境时向外界寻求维权救助，在妇联组织帮助下勇于拿起法律武器维护自己的合法权益，也是难能可贵的。同时，阿英的离婚遭遇也使大家警醒，不论是缔结婚姻、维持婚姻还是解除婚姻，如何处理夫妻共同财产是一个严肃的法律问题。特别是在涉及夫妻共同债务时，务必保持清醒，要知其然，更知其所以然，注意收集和保存涉及债务事项的各种凭证、信息、材料等，警惕在感情变异时可能出现的夫或妻一方与第三人恶意串

通、伪造债务的风险，这样才能更好地维护自身的合法权益。（评析人：杨世强）

维权知识

★谨防虚假诉讼知识之一：什么是虚假诉讼？

近年来，虚假诉讼事件多发，对正常的社会经济生活秩序和法律的尊严都造成了严重损害，为此，《中华人民共和国刑法修正案（九）》专门增设了虚假诉讼罪。虚假诉讼，指的是民事诉讼的双方当事人恶意串通，合谋编造虚假事实和证据向法院提起诉讼，利用法院的审判权、执行权，非法侵占或损害国家、集体、公民的财产或权益的诉讼行为。虚假诉讼表面上和正常的诉讼并无两样，但实际上双方当事人不具有对抗性，诉讼的主体、事实、证据纯粹是子虚乌有，其在诉讼过程中所表现出来的原、被告双方的对抗性行为，其实是表演性的虚假行为。虚假诉讼的目的，在于恶意串通欺骗法院和法官，通过合法形式侵害第三者的合法权益，从而获取非法利益。

实践中，发生在婚姻家庭等家事纠纷，特别是夫妻财产纠纷案件上的虚假诉讼，也不少见，这非常值得重视和关注。警惕夫或妻一方与第三方恶意串通，通过如虚构债务等进行虚假诉讼，将有助于维护自己的合法权益。

十、小三凭据索巨款　原配有理纠错判

案情简介

张红、李强于 1993 年结婚，婚后感情尚好，生育一子。2002 年 10 月，李强认识了女青年阿梅，后来两人发展到同居的地步，2004 年，阿梅还为李强生下一个女儿。李强的婚外同居，已经远远超过了婚外恋的程度，这给张红带来了极大的痛苦。同大部分的婚外情受害者一样，张红在离婚和挽救婚姻的两难选择中经历了长时间的心理煎熬，回忆起曾经的幸福婚姻生活，也为了给孩子一个健全的家庭，张红努力想挽回李强，但效果不尽如人意。最后他们还是平静地协议离婚了，离婚时对夫妻共同财产进行了分割，双方均没有反映存在夫妻共同债务。

然而，两人离婚不久，阿梅持署名李强的借据起诉称，李强在与张红婚姻关系存续期间向其借款 260 万元，请求张红、李强连带偿还借款及其利息。张红应诉称：不知道李强借款一事，否认存在债务；李强和阿梅存在婚外情，怀疑借款的真实性。李强则称：借据是他离婚后受阿梅胁迫签订的，借款行为并没有实际发生。一审法院经审理认定，李强是在与阿梅同居期间向阿梅借款并亲笔立下借据的，其辩称借款受胁迫、没实际发生，无充分证据证明，不予采纳；也没有证据证实该笔借款用于张红、李强的家庭共同生活或者公司经营，该笔借款属于李强的个人债务，遂判决由李强个人承担偿还责任，张红不承担责任。阿梅不服一审判决，向市中级人民法院提起上诉。阿梅坚称，债务发生在张红和李强婚姻关系存续期间，属于李强和张红的夫妻共同债务，张红应承担连带清偿责任。二审法院认定，现有证据不能推翻借据的效力，因此李强否认债务存在的主张无效；借款发生在张红和李强婚姻关系存续期间，张红称不知道债务，理据不足，该债务属于夫妻共同债务，遂终审判决张红应当对借款债务承担连带偿还责任。

张红没料到案情发生大逆转，不服此终审判决，又向该市中级人民法院申请再审，并向市人民检察院申请提起抗诉。因为丈夫出轨而致婚姻破裂了，如今还要为前夫欠下"小三"的巨款还债，张红一方面感到极为悲愤，另一方面又极为担心她的请求不获支持，将使她的合法权益遭到侵害，因而来到市妇联反映求助。而此时，二审判决已经生效，由于李强、张红没有履行判决，阿梅申请法院强制执行，张红的房产已被法院查封了。

在与张红面谈过程中，市妇联工作人员了解到三个关键事实：第一，张红和李强在婚姻关系存续期间不存在大量举债的事由，在李强"借债"时，张红有足够的银行存款，李强完全没有必要向其他人借款。第二，阿梅在诉讼中只提供了借据、电话录音，并没有其他证据证明借款行为实际发生，这对于一笔260万元的借款来说是不符合常理的。第三，李强和阿梅在诉讼中承认两人确有婚外情。工作人员分析认为，阿梅主张的债务真实性存疑，即使债务确实存在，也不能简单地以债务在婚姻关系存续期间发生为由，就认定为夫妻共同债务，就认定需要张红共同偿还。工作人员安慰张红不要过于担忧，事实胜于雄辩，诉讼中的事实需要用证据说话，指导张红前往银行开具在李强发生"借款"时期她本人的银行存款证明，证明该期间她有足够的资金维持正常家庭生活和生产经营，家庭并不需要借款。工作人员还建议张红在应诉时可以要求李强提供借款用于家庭生活和生产经营的证明，并要求阿梅提供大额借款往来等相关金融证明。为确保张红的合法权益得到切实维护，市妇联又主动联系市检察院反映情况，建议检察院对该案进行法律监督。市检察院经审查，认为二审法院认定事实不清，该终审判决确有错误，遂启动了抗诉程序，二审法院因此对本案进行了再审。再审作

出的终审判决认定，争议借款是李强的个人债务，张红对借款不负
连带清偿责任。

案例评析

本案中，可怜的张红差一点就人财两空了，因丈夫有第三者而
导致婚姻破裂，又因第三者阿梅拿出前夫签下的"借据"打官司并
终审胜诉，而将要失去巨额财产。绝大多数女性面对这种局面，恐
怕都难以淡定从容。幸好，天无绝人之路，法律最终还了张红一个
公正。

阿梅手上为什么会有李强的巨额借条，是如李强所述是其被迫
写下欠条，还是李强和阿梅明修栈道暗度陈仓来共同图谋张红的财
产？这对于张红来说或许永远是一个谜。但是，可以肯定的是，阿

梅手上的借条与张红没有任何关系，最后的再审判决已经还给了张红公平和正义。之所以说借条和张红没有任何关系，是基于以下理由：一个大背景是，李强和阿梅有不正当的男女关系，存在因两人情感纠葛而无中生有的可能，也存在两人互相串通损害他人利益的可能；一个事实基础是，张红有足够的银行存款用于家庭生活、生产经营，李强并不需要因此项开支向他人借款；一个关键事实是，对于这么大一笔借款，阿梅没有办法提供往来转账的金融记录，如果她主张是交付现金，这既不符合日常生活习惯，也没有该时段其到银行提取现金的证据予以佐证。不管出于什么原因，李强写下借条，他本人应为此承担相应的法律责任，但对于张红来说该借条与她没有一丝一毫的关系。原终审判决认定该借款为夫妻共同债务，判令她承担连带清偿责任，确有错判。

本案中，张红能够成功维权，离不开市妇联的大力支持和帮助，这也是妇联工作人员法律专业知识水平较高、依法举证维权能力较强的体现。更为关键的是，张红在日常生活中能够掌握婚姻家庭财产的状况，在应诉时可以提供个人和夫妻财产的相关证据，基本达到了以证据说话的要求。随着社会经济的发展，婚姻家庭夫妻财产的数额、种类也在日益增长和日益复杂，夫妻因婚姻关系存续期间的债权债务而发生纠纷的也越来越多，一方制造虚假债务侵犯另一方财产权益的案件时有发生，导致一些妇女由于无法提供有效证据而权益受损。对此，在婚姻家庭生活中主动了解、掌握婚姻家庭财产的情况，是预防类似侵权事件的有效方法。（评析人：陈秋鹏）

维权知识

★谨防虚假诉讼知识之二：如何应对虚假诉讼？

虚假诉讼，一般都是事先有充分预谋和准备的，往往通过炮制假证据或毁灭证据的手段，故意制造出双方当事人证据证明力的悬殊来达到目的。在民事诉讼中，法官通过证据认定事实的过程，就是对各方证据的证明力进行判断的过程。因此，法官在认定事实时，即使怀疑证据的真实性，但是由于没有其他证据来推翻，不得不以优势盖然性的标准进行事实认定，作出与事实不符的判决。

由于民事诉讼采用当事人权利自主、法官有限职权的审判模式，对于夫妻财产债务纠纷案件，法官一般不会主动审查诉讼证据和民事法律关系的真实性。因此，对于当事人而言，当发现可能是虚假诉讼时，应当从以下几方面做好应对：一是积极申请法院依职权调取相关证据，向证人调查事实，强化对证据的实质审查；二是尽可能收集能证明虚假债务之类的证据和证据线索，并要求第三方亲自出庭质证，让其到庭感受到法庭的庄严，进而使其心生敬畏放弃作假；三是向有关组织如妇联等反映情况寻求帮助，向利益相关人告知诉讼情况，寻求协助，共同应对。

十一、夫妻债务问题多　谨慎处理防隐患

案情简介

案例一

阿娇和阿雄结婚后共同经营一间小杂货店，共同购买住房一套，婚生女孩现年9岁。前些年，阿雄因小店生意不好便到深圳谋求发展，留下阿娇在家抚养小孩并继续经营小店生意。起初，阿雄每月都寄回 2000 元给阿娇作为家用，但后来阿雄不寄钱也不回家，连电话也不接了。近三年来，阿娇因小店经营和维持家庭生活欠下债务 5 万元。现阿雄起诉离婚，阿娇提出，分割夫妻共有财产要将 5 万元债务计算进去，一并处理，但阿雄以其不在家生活、不知债务为由拒绝，双方争执不下。最终，法院判决准予离婚，所欠债务 5 万元为夫妻共同债务，住房为夫妻共同财产，折价 20 万元，先清偿夫妻共同债务后余额 15 万元作为共同财产分割，房屋归阿娇所有，阿娇给付阿雄 7.5 万元。

案例二

阿艳与阿杰结婚后共同经营一家汽车运输公司，经过十多年辛勤打拼，公司经营取得了良好业绩。但阿杰有钱后在外结交了许多不三不四的朋友，整天吃吃喝喝花天酒地，长年不回家，最后发展到包养"二奶"。阿艳则带着小孩尽力维持公司的正常经营运转，由此夫妻感情破裂。阿艳愤而起诉离婚，阿杰虽同意离婚，但要求阿艳承担他在外欠的 30 万元欠款，阿艳认为此债务与婚姻家庭生活、公司经营无关，拒绝分担。法院判决确认该 30 万元为阿杰的个

人债务，由阿杰负责偿还。

案例三

阿芬与丈夫阿坚共同经营一家饮料批发店，生意红火。阿坚赚钱后，开始饱暖思淫欲了，不断与其他女人发生不正当的关系，致使他人怀孕后就从批发店拿钱去摆平私了。阿芬对此十分气愤，忍无可忍之下将阿坚告上法庭，请求判决离婚。阿坚为了在分割夫妻共同财产时争得更多利益，向法庭提交了批发店的全部进货单证，请求确认作为夫妻共同负债。阿芬复核单证后提出，其中有 20 万元单证是阿坚与供货人共同伪造的，其目的是通过虚构进货事实来转移夫妻共同财产。但法庭没有采信阿芬的说法，判决确认双方有争议的 20 万元为夫妻共同债务，以夫妻共同财产偿还。

案例评析

这三个案例，能够帮助大家比较完整地了解和把握夫妻债务的主要法律问题，这些案例中当事人的一些做法和教训很值得认真加以思考和解读。

首先，要严格区分夫妻共同债务和夫妻个人债务。根据《最高人民法院关于人民法院审理离婚案件处理财产分割问题的若干具体意见》第十七条的规定，夫妻为共同生活或为履行抚养、赡养义务等所负债务，应认定为夫妻共同债务，离婚时应当以夫妻共同财产清偿。下列债务不能认定为夫妻共同债务，应由一方以个人财产清偿：①夫妻双方约定由个人负担的债务，但以逃避债务为目的的除外。②一方未经对方同意，擅自资助与其没有抚养义务的亲朋所负的债务。③一方未经对方同意，独自筹资从事经营活动，其收入确未用于共同生活所负的债务。④其他应由个人承担的债务。这条规定，看起来十分明确地区分了两者的不同，既以概括的形式为夫妻共同债务作出了界定，即"夫妻为共同生活或为履行抚养、赡养义务等所负债务"；又以列举的形式对夫妻个人债务作出了规定，即在"约定由个人负担"等四种情形下所产生的债务认定为个人债务。但实际情况十分复杂，出现争议纠纷时怎样正确区分共同债务和个人债务并不是一件简单的事，需要对该债务产生的原因、目的和用途进行综合分析判断。案例一中，阿雄在婚姻关系存续期间中断每月给付家中的 2000 元，置家庭于不顾，又以不知债务如何产生为由，拒绝分担阿娇因家庭生活困难而负债的 5 万元，显然与法律规定不符合。因此，法官将阿娇所经手的这笔债判定为是为共同生活所引起的债务，由夫妻共同承担，离婚时应以夫妻共同财产清偿。案例二中，阿杰欠下 30 万元债，并不是因公司经营、家庭生活和抚育子女所致，而是因为在外吃喝、包养"二奶"所致，显然属于个人单独所负的债务。阿艳因此拒绝分担，法院判决确认该 30 万元为阿杰的个人债务，完全正确。

其次，要充分举证夫妻共同债务和个人债务，在此基础上提出的主张才能获得支持。《婚姻法》第四十一条规定："离婚时，原为夫妻共同生活所负的债务，应当共同偿还。共同财产不足清偿的，或财产归各自所有的，由双方协议清偿；协议不成时，由人民法院判决。"此规定明确了离婚时夫妻双方对夫妻共同债务均有责任清偿，并首先用共同财产清偿。但实践中往往存在这样的情形，明明是一方所负的债务，另一方却不能举证，最终被认定为共同债务，由双方清偿。案例三中，阿芬明知该20万元的单证是阿坚个人添加的债务，但她没有办法举证来证明这不是批发店的债务凭证。阿芬没有建立批发店的账本记录核算，以往交易习惯的结算方式都是先进货后付款，每一份单证都有批发店的印章、阿芬或阿坚的个人签名，阿芬因此就无法查证核对阿坚提供的单据是真是假，不能证明该债务不属于共同债务。由于阿芬平时证据意识淡薄，没有防范措施，让阿坚钻了空子，被法院判决败诉，也就只能自认倒霉了。

此外，夫妻债务问题还有一种情形容易引起争议，需要大家以十分谨慎的态度来对待，即债权人对夫妻一方以个人名义所负的债务主张权利时，先按夫妻共同债务处理。《婚姻法解释（二）》第二十四条规定："债权人就婚姻关系存续期间夫妻一方以个人名义所负债务主张权利的，应当按夫妻共同债务处理。但夫妻一方能够证明债权人与债务人明确约定为个人债务，或者能够证明属于婚姻法第十九条第三款规定情形的除外。"据此，在婚姻关系存续期间，夫妻一方以个人名义所负的债务，无论另一方是否知道，也无论是否是为了家庭共同生活经营，在面对债权人主张权利的时候，都应按夫妻共同债务处理，夫妻另一方都要承担连带清偿责任。除非能够证明债权人与债务人明确约定为个人债务，或者能够证明债权人知道夫妻对婚姻关系存续期间所得的财产约定归各自所有，或者能够证明债权人知道夫妻债务归一方承担的约定。这就提示大家，夫妻共同债务份额上的承担，仅在夫妻内部发生效力，而对债权人不发生效力。实践中，发生纠纷时要举证证明债务为夫妻一方的个人债务时，往往会因举证困难而败诉，因此很有必要对此保持谨慎。

（评析人：杨世强）

维权知识

★离婚案件举证责任有哪些（一）？

所谓举证责任，指的是在诉讼过程中，当事人对自己提出的主张有收集或提供证据的义务，并有运用该证据证明主张的案件事实成立或有利于自己的主张的责任，否则将承担其主张不能成立的责任和风险。对于离婚纠纷案件来说，一般需要提供的证据具体如下：

（1）证明当事人（原、被告）的诉讼主体资格的证据：①证明原、被告是夫妻关系的证据，如结婚证、婚姻关系证明书、户口簿以及身份证。②如涉及构成事实婚姻的，应提交居委会或村委会出具的证明。③证明被告下落不明的，应提交被告住所地或经常居住地村委会或公安机关的证明。

（2）证明婚姻关系破裂的证据：①如涉及家庭暴力，应提交法医鉴定，提出证人。②如涉及吸毒、赌博行为的，应提交居委会、村委会或公安机关出具的证明；涉及行政处罚、刑事犯罪的，应提交有关处罚决定或判决书。③如涉及有重婚行为或有配偶与他人同居的，应提交上述行为相关的结婚证、子女出生证、居住证明、相片或居委会、村委会、公安机关出具的证明等证据；因重婚、有配偶者与他人同居、实施家庭暴力、虐待遗弃家庭成员引起离婚的，无过错方有权请求损害赔偿。

十二、男为离婚写借据　女诉清偿未获胜

案情简介

　　阿丽（无业）与阿宝（机关干部）于 1997 年 6 月结婚，婚后生育一子。2008 年 9 月，因夫妻关系恶化，阿宝为尽快解除夫妻关系，劝说阿丽到民政局办理了协议离婚。阿宝在领取离婚证后，给阿丽写下了一份借据。该借据称，阿丽在夫妻婚姻关系存续期间向其兄所借的 14 万元已交给阿宝，现阿宝以向阿丽借款的形式，补立借据交由阿丽收执，按期偿还。自双方协议离婚之后，阿宝先后四次向阿丽共计还款 35500 元，随即阿宝拒绝再按约定还款。阿丽因此向法院起诉，请求判令阿宝支付余款。

　　阿宝对此并没有惊慌失措，他辩称 14 万元借款是失实的，借据是在阿丽及其家人胁迫下写的，该借据是不合法、无效的借据。因此，请求法院驳回阿丽的诉讼请求。法官经双方质证后认定，阿丽主张阿宝向其借款 14 万元的事实，由有阿宝的亲笔签名及指印的借据证实。虽然该借款是阿宝向阿丽之兄黄某所借，但实际借款经阿丽之手交给阿宝，借贷关系只形成于阿宝、阿丽之间。双方离婚时，阿宝立下借据给阿丽收执，是阿宝确认向阿丽借款并承诺还款的真实意思表示，且有阿宝陆续还款的证据证实，双方借贷关系成立，现阿宝不履行合同义务，构成违约。阿宝提出阿丽有胁迫行为、双方没有发生实际借贷关系的主张，证据不足。遂判决阿宝清偿欠款及利息给阿丽。但阿宝不服一审判决，提出上诉。

　　二审法院经审理认为，阿宝称借据是受阿丽及其家人胁迫才立

的，但没有提供充分证据证实，不予采纳；但阿丽并没有交付现金或通过银行转账等形式将借据所载的款项付给阿宝，即立借据时双方并无发生借款的事实。阿丽自认，借款是双方在婚姻关系存续期间向其兄所借，在协议离婚后，阿宝补立了借据，交给阿丽收执。因此，即使阿丽所述属实，依照婚姻法有关规定，该借款也属于婚姻关系存续期间的夫妻共同债务，阿丽之兄才是真正的债权人，但其既没有起诉也没有依法申请参加诉讼。因此，二审法院认定，阿宝立借据并付款给阿丽是事实，但不能据此认定双方存在借贷关系，遂判决撤销一审判决，驳回阿丽的诉讼请求。

官司至此，以阿丽败诉结束。阿丽原以为，一审法院判决胜诉了，让阿宝继续给付自己十多万元是十拿九稳的事，没有料到案子在经过二审法院审理后，竟然发生了逆转，阿宝最终胜诉。阿丽十分无奈，唯有心痛不已。

案例评析

本案中，一审、二审法院均认定阿宝所立借据是真实的，也无证据表明他立借据时受到了胁迫，但判决结果却是相反的。从法理和法律规定上看，对本案双方争议的借贷关系是否存在，以及应当如何认定"借款"的法律性质，肯定会有很大的意见分歧。但这个问题不是我们在此讨论的重点。

我们认为，此案例的参考价值在于，夫妻双方应当以法律思维方式来对待和处理因结婚或离婚引起的财产（包括债权债务）问题，否则将事与愿违，造成难以把握的结果，维护不了自己的合法权益。本案中，阿丽、阿宝应当最清楚这笔借款的真实性质是什么。可以推测，写下这个借据其实是由于阿宝想通过偿还借款的形式来补偿阿丽，以使她同意协议离婚，这就不可避免地埋下了日后的隐患。从阿宝这一方看，他作为一个机关干部，应该很清楚立借据的法律后果，但他为使阿丽同意协议离婚，避免双方因诉讼离婚而导致的各种麻烦，给阿丽写下了借据并陆续支付了欠款 35500 元，

随后又拒绝继续支付。在阿丽看来，阿宝已经撕毁了双方没有书面形式的"离婚协议"，于是以欠款不还为由手持借据起诉他，也是理所当然的事。阿宝被告上法庭，实在是咎由自取，虽然他最后胜诉（也有观点认为他不应当胜诉）了，但可以预见的是，因为他背信弃义伤害了阿丽，仍然会面临因此官司所带来的一系列麻烦事。从阿丽这方看，原以为手中握有阿宝自愿写下的借据，就不怕他赖账，一审法院也支持了她的诉讼请求，不料二审法院以她"没有交付现金或通过银行转账等形式将借据所载的款项付给阿宝"为由，认定"立借据时双方并无发生借款的事实"，驳回了她的诉讼请求。这个结局，使阿丽要求阿宝通过偿还借款的形式给付离婚补偿的如意算盘落空了。

从法理上分析，将本案的借据借款当作夫妻离婚时对共同债务的一种处理方式，可能更符合情理、更妥当些。阿宝因急于与阿丽离婚，对阿丽经手的向其兄所借的 14 万元，自愿承担全部责任，并出具借据给阿丽予以确定，该借据是双方离婚协议中的一项重要内容。阿宝是一个机关干部，阿丽无业，阿宝自愿全部负担他们的夫妻共同债务，可以看作一方对另一方的一种帮助、一种经济补偿，也是双方达成的离婚协议，因此不能随意撤销。阿宝若反悔，应当在离婚后一年内诉诸法院，请求变更或者撤销，但阿宝未行使这权利并且实际给付了一部分款项。可见，阿宝其实是认可这一项离婚协议的。因此，我们认为，根据《婚姻法解释（二）》第八条的规定："离婚协议中关于财产分割的条款或者当事人因离婚就财产分割达成的协议，对男女双方具有法律约束力。"二审法院适用法律有误，应当在不撤销借据的基础上，查清并认定借款属于双方达成的离婚协议内容，实质是阿丽、阿宝对于夫妻债务处理的一种方式，并据此判阿宝败诉。

俗话说，"清官难断家务事"。实践中，当事人为结婚或离婚而缔结一些欠缺法律意识的不理性约定，一旦发生纠纷诉诸法庭时，法官只能在法理与事实中寻找平衡，但结果往往又不尽如人意。因此，本案启示大家，对待夫妻债权债务问题，必须依法，不可任性。（评析人：杨世强）

维权知识

★离婚案件举证责任有哪些（二）？

（3）证明由一方抚养子女为宜的证据：①证明一方经济状况良好的，应提交工资单或其他合法收入的证明，或提交有关居住情况的证据。②如涉及 10 周岁以上未成年子女的，应提交子女本人愿跟随父或母生活的相关证据。

（4）证明婚姻关系存续期间有共同财产的证据：①证明有房产的，应提交房产证或购房合同、交款发票或出资证明。②证明有银行存款并申请法院调查的，应提交银行账号；证明有股票并申请法院调查的，应提交股东代码、资金账号；证明有车辆的，应提交行驶证、车牌号。③证明对方在公司拥有股权的，应提交该公司的工商登记情况、出资的证明等。④证明一方有债权债务的，除提交借据以外，必须有相关的证据佐证。⑤证明夫妻双方财产有约定的，必须提交协议书等相关的证据。⑥如申请法院调查取证但不能提供以上线索的，依法驳回申请。

（5）有具体的诉讼请求金额的，应提交诉讼请求金额的计算清单。

04/土地权益篇

一、离婚村妇被侵权 诉诸法院获救济

案情简介

1985年，阿花与湛江市某区某镇兴旺村村民阿财结婚，并生育了两个儿子和两个女儿。到2005年的时候，阿花和阿财因夫妻感情长期不和而离婚，经双方协商后，未成年子女交由阿花监护抚养，阿花离婚后没有把户口迁出兴旺村，并且一直没有再婚。2013年政府征用了兴旺村耕地，并按规定给付村民征地补偿款，但兴旺村没有将阿花列入应发放征地补偿款的村民范围，阿花为此多次找兴旺村协商。不料，村里竟然决定停止发放阿花一家人（包括其前夫）的征地补偿款。

2013年9月，无计可施的阿花来到镇妇联哭诉，反映她一家人分不到征地款。镇妇联详细了解了案件的基本情况后，一边向镇驻队村工作小组及村委会了解情况，一边和镇司法所联系，商讨解决问题的办法，并将案件情况向镇分管领导汇报。镇政府十分重视妇联的报告，镇分管领导、镇司法所所长、镇妇联主席为此事专程到兴旺村村委，与村委会书记、村民小组干部及村民代表进行沟通、协调。镇司法所所长就该案件涉及的相关法律法规做了详细的解释，镇妇联主席就阿花的相关情况与村代表们进行了深入的沟通，指出该村的做法不符合现行法律法规的规定，侵害了阿花的合法权益。但是，任凭镇干部们说破嘴，该村村干部及村民代表始终不同意将征地补偿款分给阿花。他们提出的理由是：阿花出生户籍不在本村，与丈夫离了婚，已不是本村村民；阿花的前夫阿财已再婚并生下一对子女，其他村民都是按照一夫一妻的原则分配的，若阿财的前妻和现任妻子都分享了征地补偿款，则对其他村民不公平，还会助长其他村民为了多拿一份征地补偿款而离婚又再婚的不良现象；不分征地补偿款给阿花是村民代表大会已讨论通过的，作为个体代表，他们无权否定。

镇妇联见调解不成，便建议阿花向法院提起诉讼，通过法律途径维护自己和家人的合法权益。阿花接受了镇妇联的建议，妇联工作人员考虑到她是单亲母亲、家庭经济生活困难、读书识字不多不会打官司等实际情况，就帮助她向区法律援助中心成功申请了法律援助。阿花在镇妇联的帮助下，委托法援律师代理向区法院提出了起诉，法院受理了起诉。又经过诉前财产保全、开庭审理、判决以及申请强制执行等一系列法律程序之后，不仅阿花打赢了官司，判决还顺利执行到位。2014 年 1 月，阿花一家人应得的征地补偿款98000 元汇到了阿花名下的银行账户中，阿花欣慰地松了一口气。

案例评析

土地是农民的生存之源、发展之本，土地承包经营权以及由此而带来的各项财产权益，是包括农村妇女在内的农民最为关心的经济权益，这是他们赖以生存和发展的基础。国家的各项法律法规明确要求男女平等，并对出嫁、离婚、丧偶等方面做出了一些具体规定，同时要求对侵害农村妇女土地权益的案件要依法受理。

然而，在当前仍以男性为户主的中国农村，在土地承包、集体经济分配、宅基地分配、土地征用补偿利益等方面仍存在不同程度的损害农村妇女尤其是出嫁、农嫁非、离婚、丧偶和招婿妇女的合法土地权益的现象。对于离婚农村妇女而言，按照"从夫而居"的习俗，男方在夫妻离异后，大多会强行将女方户口迁出并占用女方土地，而女方在娘家又没有土地可分。此外，有些妇女法律意识淡薄，受家庭财产一般由男性继承的传统习俗影响，离婚后不会或不敢依法维护自己的权利，放弃了属于自己的土地权益。因此，这些

离婚妇女最终失去了土地。对于丧偶妇女而言，在许多地方或家庭，该妇女的土地权益能否得到保障，取决于其是否是原配夫妻、与婆家感情如何、能否不改嫁等，土地承包权益被侵害的问题也很突出。从这个角度看，本案很有借鉴意义，一是当事人阿花敢于、善于抗争维护自己的合法权益，在村委会干部和村民代表的强硬态度面前，她也不屈服，还善于寻求救助，这对于一个识字不多的农村妇女来说是难能可贵的；二是区人民法院不仅及时受理和审理了这一宗"棘手"的案件，还将全部款项强制执行到位了，充分说明司法机关对维护妇女合法权益的高度重视，值得点赞。

近年来，随着城市化进程的加快和农村改革的推进，农村土地承包、集体经济组织收益分配、土地承包经营权确权登记颁证等存在的男女不平等、妇女土地权益受侵害的问题已引起社会高度关注。要依法解决这个问题，必须推动建立多元化纠纷解决机制，充分发挥人民调解、司法调解和行政调解的优势和作用，坚持调解优先，但当矛盾无法通过调解解决时，人民法院就应当依法履行裁判职责，坚守住司法解决纠纷这最后一道防线。对于广大农村妇女来说，国家法律对维护农村妇女土地权益有多层次规定，要敢于、善于运用法律维护自身合法权益，妇联组织也一定会不遗余力地协调和帮助广大妇女寻找解决诉求的最佳途径。（评析人：陈敏斌）

维权知识

★什么是农村妇女合法的土地权益？

《中华人民共和国宪法》规定，妇女在政治的、经济的、文化的、社会的和家庭的生活等各方面享有与男子平等的权利。根据宪法的这一规定，国家将坚持男女平等、实现男女平等作为基本国策。因此，农村妇女合法的土地权益，其实就是与农村男子一样平等享有国家法律政策规定的土地权益，即农村妇女在农村土地承包经营、集体经济组织收益分配、土地征收或者征用补偿费使用以及宅基地使用等方面享有与男子平等的权利。

《中华人民共和国妇女权益保障法》规定，任何组织和个人不得以妇女未婚、结婚、离婚、丧偶等为由，侵害妇女在农村集体经济组织中的各种权益。违反本法规定，以妇女未婚、结婚、离婚、丧偶等为理由，侵害妇女在农村集体经济组织中的各项权益，或者男方因结婚到女方住所落户，侵害男方及其子女享有与所在地农村集体经济组织成员平等权益的，由乡镇人民政府依法调解；受害人也可以依法向农村土地承包仲裁机构申请仲裁，或者向人民法院起诉，人民法院应当依法受理。

二、夫妻离异地未分 确权登记起纠纷

案情简介

阿秀是一名 58 岁的农村妇女，于 1982 年与某村村民阿财登记结婚。两人婚后虽然生育了两子一女，且三个子女均已成年，但夫妻感情却越来越差，最终走向破裂，于 2011 年通过人民法院判决离婚。离婚后，阿财随大儿子生活，阿秀随女儿和小儿子生活。阿秀离婚后和小儿子离开了村子到外地生活，但户口没有迁移，仍留在某村，身份依然是村集体组织里的村民成员。2015 年初，按国家政策要进行农村土地承包经营权确权登记颁证，村里按政策要求通知阿秀回村来办理她名下的承包地确权登记。不料，等她兴冲冲赶回村中时，却被其前夫阿财一番蛮不讲理的言行激怒了。原来，她和阿财离婚前是作为村集体经济组织的一户人家一并取得承包地的，阿财是承包合同登记上载明的户主，但两人离婚时并未对承包经营的土地进行分割和分户。如今，按国家政策要对每一户农户的土地承包经营权在原来承包合同的基础上进行确权登记颁证，颁证后的承包地将保持长期不变，这是涉及每一个村民切身利益的大事。阿财以为，自己是原来承包户的户主，没有他的同意阿秀就不能进行确权登记。因此，他拒绝将原有承包土地分割出相应的部分给阿秀及跟随她生活的子女。阿秀无奈之下，于 2015 年 4 月开始到有关部门和区妇联上访反映。

区妇联接访过程中，发现阿秀情绪十分激动，称其大半辈子都生活在某村，现在自己及儿子的户口仍在某村，不断质问为什么自

己和儿子没有权利进行土地确权，为什么政府不制止阿财的无理做法。对于阿秀表现出的过激行为，妇联工作人员进行了耐心的讲解与劝说。在详细了解了阿秀反映的情况后，妇联工作人员对阿秀的诉求进行了仔细分析，认为此案件涉及农村妇女在土地承包经营权上能否享有与男子同样的权益，这是一个重大的妇女权益问题。为此，区妇联邀请镇农办"确权小组"及村"两委会"干部参与协调与维权工作，上门找到阿财，耐心地向他解释国家土地承包经营权确权登记的政策精神和具体要求，让其明白离异妻子及其子女也依法享有土地承包经营权，并向他讲解了《中华人民妇女权益保障法》，使其认识到其行为侵害了阿秀的合法权益。

随后，针对阿秀的实际情况，区妇联与镇农办"确权小组"和村"两委会"干部提出建议：将阿财家现有土地分成两半，分别以两个儿子为户主，而阿财和阿秀将以家庭共有人的身份，分别登记在两人跟随生活的两个儿子的土地承包经营权登记证上。阿财和阿秀及两个儿子同意了工作人员的建议。最终，将原来以阿财为户主的承包地一分为二，分别以两个儿子为户主登记成两户，领取了两本承包土地确权证，阿秀和阿财分别以共有人的身份登记在册。

案例评析

土地是农民赖以生存的基本生产资料，也是农民的主要财产权益。目前，我国农村实行的土地制度是农民集体所有制，在土地集体所有制下实行土地农户承包经营。当前，为保障农民的土地权益和促进土地承包经营权的合理流转，国家出台了农村土地承包经营权确权登记颁证的新政策，核心是确认农民土地承包经营权是一项物权，长期不变，这是事关包括农村妇女在内的广大农民的切身利益的重大政策。

然而在实践中，广大农村妇女的土地权益往往容易受到侵害，究其原因，主要是广大农村地区男尊女卑的陈旧观念依然非常顽固，受男娶女嫁"从夫居"的传统婚姻价值观影响，大部分人认为

农村夫妻双方一旦离婚，土地只能属于男方，不顾法律法规和政策的规定，采取种种手段和方法来限制和剥夺农村离婚妇女依法享有的权利。当前，在农村土地承包经营确权登记颁证中，由此造成的侵害农村妇女合法权益的现象并不罕见。

　　本案中，阿秀和阿财离婚后并没有失去村集体组织成员即村民的资格，依法仍然享有对村集体所有的土地的承包经营权。但阿财认为，自己是承包经营的户主，阿秀既然和自己离婚了，就不能要求分享土地承包经营权，自己有权阻止阿秀作为权利人进行确权登记，这显然是违法的行为。对此问题，近年来妇联组织高度重视，全国妇联提出要求，要切实保障妇女权益，使农村妇女"证上有名，名下有权"。本案中，区妇联为维护阿秀的合法权益，联合镇农办"确权小组"及村"两委会"干部合力处理案件，并根据农村的实际情况，灵活务实地寻找到了有效的解决办法，将原承包地一分为二，以他们两个儿子为户主分别登记，阿秀"证上有名、名下有权"的权利也顺利实现了。

男女平等是我国的基本国策，在农村地区将此国策落到实处，仍然是任重道远。本案也说明，在农村普及法律知识，不断提高农民群众的法律意识，是调解处理农村夫妻财产纠纷、保障农村离异妇女获得合法土地经营权益的基础性工作。（评析人：易健华）

维权知识

★我省农村妇女的土地权益，具体包括哪些方面?

广东省人大根据《妇女权益保障法》制定了《实施〈中华人民共和国妇女权益保障法〉办法》（简称《办法》），根据该《办法》第二十三条、二十四条的规定，农村妇女的土地权益具体包括：土地承包经营权、集体经济组织收益分配权、股权分配权、土地征收或者征用补偿费使用权，以及宅基地使用权。村民代表会议或者村民大会决议、村规民约和股份制章程中涉及这些权益等方面的规定，应当坚持男女平等原则，不得以妇女未婚、结婚、离婚、丧偶等为由，侵害其合法权益。农村集体经济组织成员中的妇女，结婚后户口仍在原农村集体经济组织所在地，或者离婚、丧偶后户口仍在男方家所在地，并履行集体经济组织章程义务的，在土地承包经营、集体经济组织收益分配、股权分配、土地征收或者征用补偿费使用以及宅基地使用等方面，享有与本农村集体经济组织其他成员平等的权益。

附　录

附录一

中华人民共和国婚姻法

（1980 年 9 月 10 日第五届全国人民代表大会第三次会议通过
2001 年 4 月 28 日第九届全国人民代表大会常务委员会第二十一次会议修正）

第一章 总 则

第一条 本法是婚姻家庭关系的基本准则。

第二条 实行婚姻自由、一夫一妻、男女平等的婚姻制度。保护妇女、儿童和老人的合法权益。实行计划生育。

第三条 禁止包办、买卖婚姻和其他干涉婚姻自由的行为。禁止借婚姻索取财物。禁止重婚。禁止有配偶者与他人同居。禁止家庭暴力。禁止家庭成员间的虐待和遗弃。

第四条 夫妻应当互相忠实，互相尊重；家庭成员间应当敬老爱幼，互相帮助，维护平等、和睦、文明的婚姻家庭关系。

第二章 结 婚

第五条 结婚必须男女双方完全自愿，不许任何一方对他方加以强迫或任何第三者加以干涉。

第六条 结婚年龄，男不得早于二十二周岁，女不得早于二十周岁。晚婚晚育应予鼓励。

第七条 有下列情形之一的，禁止结婚：

（一）直系血亲和三代以内的旁系血亲；

（二）患有医学上认为不应当结婚的疾病。

第八条 要求结婚的男女双方必须亲自到婚姻登记机关进行结婚登记。符合本法规定的，予以登记，发给结婚证。取得结婚证，即确立夫妻关系。未办理结婚登记的，应当补办登记。

第九条 登记结婚后，根据男女双方约定，女方可以成为男方家庭的成员，男方可以成为女方家庭的成员。

第十条 有下列情形之一的，婚姻无效：

（一）重婚的；

（二）有禁止结婚的亲属关系的；

（三）婚前患有医学上认为不应当结婚的疾病，婚后尚未治愈的；

（四）未到法定婚龄的。

第十一条 因胁迫结婚的，受胁迫的一方可以向婚姻登记机关或人民法院请求撤销该婚姻。受胁迫的一方撤销婚姻的请求，应当自结婚登记之日起一年内提出。被非法限制人身自由的当事人请求撤销婚姻的，应当自恢复人身自由之日起一年内提出。

第十二条 无效或被撤销的婚姻，自始无效。当事人不具有夫妻的权利和义务。同居期间所得的财产，由当事人协议处理；协议不成时，由人民法院根据照顾无过错方的原则判决。对重婚导致的婚姻无效的财产处理，不得侵害合法婚姻当事人的财产权益。当事人所生的子女，适用本法有关父母子女的规定。

第三章　家庭关系

第十三条 夫妻在家庭中地位平等。

第十四条 夫妻双方都有各用自己姓名的权利。

第十五条 夫妻双方都有参加生产、工作、学习和社会活动的自由，一方不得对他方加以限制或干涉。

第十六条 夫妻双方都有实行计划生育的义务。

第十七条 夫妻在婚姻关系存续期间所得的下列财产，归夫妻共同所有：

（一）工资、奖金；

（二）生产、经营的收益；

（三）知识产权的收益；

（四）继承或赠与所得的财产，但本法第十八条第三项规定的除外；

（五）其他应当归共同所有的财产。

夫妻对共同所有的财产，有平等的处理权。

第十八条 有下列情形之一的，为夫妻一方的财产：

（一）一方的婚前财产；

（二）一方因身体受到伤害获得的医疗费、残疾人生活补助费等费用；

（三）遗嘱或赠与合同中确定只归夫或妻一方的财产；

（四）一方专用的生活用品；

（五）其他应当归一方的财产。

第十九条　夫妻可以约定婚姻关系存续期间所得的财产以及婚前财产归各自所有、共同所有或部分各自所有、部分共同所有。约定应当采用书面形式。没有约定或约定不明确的，适用本法第十七条、第十八条的规定。

夫妻对婚姻关系存续期间所得的财产以及婚前财产的约定，对双方具有约束力。

夫妻对婚姻关系存续期间所得的财产约定归各自所有的，夫或妻一方对外所负的债务，第三人知道该约定的，以夫或妻一方所有的财产清偿。

第二十条　夫妻有互相扶养的义务。

一方不履行扶养义务时，需要扶养的一方，有要求对方付给扶养费的权利。

第二十一条　父母对子女有抚养教育的义务；子女对父母有赡养扶助的义务。

父母不履行抚养义务时，未成年的或不能独立生活的子女，有要求父母付给抚养费的权利。

子女不履行赡养义务时，无劳动能力的或生活困难的父母，有要求子女付给赡养费的权利。

禁止溺婴、弃婴和其他残害婴儿的行为。

第二十二条　子女可以随父姓，可以随母姓。

第二十三条　父母有保护和教育未成年子女的权利和义务。在未成年子女对国家、集体或他人造成损害时，父母有承担民事责任的义务。

第二十四条　夫妻有相互继承遗产的权利。父母和子女有相互继承遗产的权利。

第二十五条　非婚生子女享有与婚生子女同等的权利，任何人不得加以危害和歧视。

不直接抚养非婚生子女的生父或生母，应当负担子女的生活费和教育费，直至子女能独立生活为止。

第二十六条　国家保护合法的收养关系。养父母和养子女间的权利和义务，适用本法对父母子女关系的有关规定。

养子女和生父母间的权利和义务，因收养关系的成立而消除。

第二十七条 继父母与继子女间，不得虐待或歧视。

继父或继母和受其抚养教育的继子女间的权利和义务，适用本法对父母子女关系的有关规定。

第二十八条 有负担能力的祖父母、外祖父母，对于父母已经死亡或父母无力抚养的未成年的孙子女、外孙子女，有抚养的义务。有负担能力的孙子女、外孙子女，对于子女已经死亡或子女无力赡养的祖父母、外祖父母，有赡养的义务。

第二十九条 有负担能力的兄、姐，对于父母已经死亡或父母无力抚养的未成年的弟、妹，有扶养的义务。由兄、姐扶养长大的有负担能力的弟、妹，对于缺乏劳动能力又缺乏生活来源的兄、姐，有扶养的义务。

第三十条 子女应当尊重父母的婚姻权利，不得干涉父母再婚以及婚后的生活。子女对父母的赡养义务，不因父母的婚姻关系变化而终止。

第四章 离 婚

第三十一条 男女双方自愿离婚的，准予离婚。双方必须到婚姻登记机关申请离婚。婚姻登记机关查明双方确实是自愿并对子女和财产问题已有适当处理时，发给离婚证。

第三十二条 男女一方要求离婚的，可由有关部门进行调解或直接向人民法院提出离婚诉讼。

人民法院审理离婚案件，应当进行调解；如感情确已破裂，调解无效，应准予离婚。

有下列情形之一，调解无效的，应准予离婚：

（一）重婚或有配偶者与他人同居的；

（二）实施家庭暴力或虐待、遗弃家庭成员的；

（三）有赌博、吸毒等恶习屡教不改的；

（四）因感情不和分居满二年的；

（五）其他导致夫妻感情破裂的情形。

一方被宣告失踪，另一方提出离婚诉讼的，应准予离婚。

第三十三条 现役军人的配偶要求离婚，须得军人同意，但军人一方有重大过错的除外。

第三十四条 女方在怀孕期间、分娩后一年内或中止妊娠后六个月内，男方不得提出离婚。女方提出离婚的，或人民法院认为确有必要受理男方离婚请求的，不在此限。

第三十五条　离婚后，男女双方自愿恢复夫妻关系的，必须到婚姻登记机关进行复婚登记。

第三十六条　父母与子女间的关系，不因父母离婚而消除。离婚后，子女无论由父或母直接抚养，仍是父母双方的子女。

离婚后，父母对于子女仍有抚养和教育的权利和义务。

离婚后，哺乳期内的子女，以随哺乳的母亲抚养为原则。哺乳期后的子女，如双方因抚养问题发生争执不能达成协议时，由人民法院根据子女的权益和双方的具体情况判决。

第三十七条　离婚后，一方抚养的子女，另一方应负担必要的生活费和教育费的一部或全部，负担费用的多少和期限的长短，由双方协议；协议不成时，由人民法院判决。

关于子女生活费和教育费的协议或判决，不妨碍子女在必要时向父母任何一方提出超过协议或判决原定数额的合理要求。

第三十八条　离婚后，不直接抚养子女的父或母，有探望子女的权利，另一方有协助的义务。

行使探望权利的方式、时间由当事人协议；协议不成时，由人民法院判决。

父或母探望子女，不利于子女身心健康的，由人民法院依法中止探望的权利；中止的事由消失后，应当恢复探望的权利。

第三十九条　离婚时，夫妻的共同财产由双方协议处理；协议不成时，由人民法院根据财产的具体情况，照顾子女和女方权益的原则判决。

夫或妻在家庭土地承包经营中享有的权益等，应当依法予以保护。

第四十条　夫妻书面约定婚姻关系存续期间所得的财产归各自所有，一方因抚育子女、照料老人、协助另一方工作等付出较多义务的，离婚时有权向另一方请求补偿，另一方应当予以补偿。

第四十一条　离婚时，原为夫妻共同生活所负的债务，应当共同偿还。共同财产不足清偿的，或财产归各自所有的，由双方协议清偿；协议不成时，由人民法院判决。

第四十二条　离婚时，如一方生活困难，另一方应从其住房等个人财产中给予适当帮助。具体办法由双方协议；协议不成时，由人民法院判决。

第五章 救助措施与法律责任

第四十三条 实施家庭暴力或虐待家庭成员，受害人有权提出请求，居民委员会、村民委员会以及所在单位应当予以劝阻、调解。

对正在实施的家庭暴力，受害人有权提出请求，居民委员会、村民委员会应当予以劝阻；公安机关应当予以制止。

实施家庭暴力或虐待家庭成员，受害人提出请求的，公安机关应当依照治安管理处罚的法律规定予以行政处罚。

第四十四条 对遗弃家庭成员，受害人有权提出请求，居民委员会、村民委员会以及所在单位应当予以劝阻、调解。

对遗弃家庭成员，受害人提出请求的，人民法院应当依法作出支付扶养费、抚养费、赡养费的判决。

第四十五条 对重婚的，对实施家庭暴力或虐待、遗弃家庭成员构成犯罪的，依法追究刑事责任。受害人可以依照刑事诉讼法的有关规定，向人民法院自诉；公安机关应当依法侦查，人民检察院应当依法提起公诉。

第四十六条 有下列情形之一，导致离婚的，无过错方有权请求损害赔偿：

（一）重婚的；

（二）有配偶者与他人同居的；

（三）实施家庭暴力的；

（四）虐待、遗弃家庭成员的。

第四十七条 离婚时，一方隐藏、转移、变卖、毁损夫妻共同财产，或伪造债务企图侵占另一方财产的，分割夫妻共同财产时，对隐藏、转移、变卖、毁损夫妻共同财产或伪造债务的一方，可以少分或不分。离婚后，另一方发现有上述行为的，可以向人民法院提起诉讼，请求再次分割夫妻共同财产。

人民法院对前款规定的妨害民事诉讼的行为，依照民事诉讼法的规定予以制裁。

第四十八条 对拒不执行有关扶养费、抚养费、赡养费、财产分割、遗产继承、探望子女等判决或裁定的，由人民法院依法强制执行。有关个人和单位应负协助执行的责任。

第四十九条 其他法律对有关婚姻家庭的违法行为和法律责任另有规定

的，依照其规定。

第六章 附 则

　　第五十条　民族自治地方的人民代表大会有权结合当地民族婚姻家庭的具体情况，制定变通规定。自治州、自治县制定的变通规定，报省、自治区、直辖市人民代表大会常务委员会批准后生效。自治区制定的变通规定，报全国人民代表大会常务委员会批准后生效。

　　第五十一条　本法自 1981 年 1 月 1 日起施行。

　　1950 年 5 月 1 日颁行的《中华人民共和国婚姻法》，自本法施行之日起废止。

附录二

最高人民法院关于适用《中华人民共和国婚姻法》若干问题的解释（一）

法释〔2001〕30 号

为了正确审理婚姻家庭纠纷案件，根据《中华人民共和国婚姻法》（以下简称婚姻法）、《中华人民共和国民事诉讼法》等法律的规定，对人民法院适用婚姻法的有关问题作出如下解释：

第一条 婚姻法第三条、第三十二条、第四十三条、第四十五条、第四十六条所称的"家庭暴力"，是指行为人以殴打、捆绑、残害、强行限制人身自由或者其他手段，给其家庭成员的身体、精神等方面造成一定伤害后果的行为。持续性、经常性的家庭暴力，构成虐待。

第二条 婚姻法第三条、第三十二条、第四十六条规定的"有配偶者与他人同居"的情形，是指有配偶者与婚外异性，不以夫妻名义，持续、稳定地共同居住。

第三条 当事人仅以婚姻法第四条为依据提起诉讼的，人民法院不予受理；已经受理的，裁定驳回起诉。

第四条 男女双方根据婚姻法第八条规定补办结婚登记的，婚姻关系的效力从双方均符合婚姻法所规定的结婚的实质要件时起算。

第五条 未按婚姻法第八条规定办理结婚登记而以夫妻名义共同生活的男女，起诉到人民法院要求离婚的，应当区别对待：

（一）1994 年 2 月 1 日民政部《婚姻登记管理条例》公布实施以前，男女双方已经符合结婚实质要件的，按事实婚姻处理；

（二）1994 年 2 月 1 日民政部《婚姻登记管理条例》公布实施以后，男女双方符合结婚实质要件的，人民法院应当告知其在案件受理前补办结婚登记；未补办结婚登记的，按解除同居关系处理。

第六条 未按婚姻法第八条规定办理结婚登记而以夫妻名义共同生活的男女，一方死亡，另一方以配偶身份主张享有继承权的，按照本解释第五条的原则处理。

第七条　有权依据婚姻法第十条规定向人民法院就已办理结婚登记的婚姻申请宣告婚姻无效的主体，包括婚姻当事人及利害关系人。利害关系人包括：

（一）以重婚为由申请宣告婚姻无效的，为当事人的近亲属及基层组织。

（二）以未到法定婚龄为由申请宣告婚姻无效的，为未达法定婚龄者的近亲属。

（三）以有禁止结婚的亲属关系为由申请宣告婚姻无效的，为当事人的近亲属。

（四）以婚前患有医学上认为不应当结婚的疾病，婚后尚未治愈为由申请宣告婚姻无效的，为与患病者共同生活的近亲属。

第八条　当事人依据婚姻法第十条规定向人民法院申请宣告婚姻无效的，申请时，法定的无效婚姻情形已经消失的，人民法院不予支持。

第九条　人民法院审理宣告婚姻无效案件，对婚姻效力的审理不适用调解，应当依法作出判决；有关婚姻效力的判决一经作出，即发生法律效力。

涉及财产分割和子女抚养的，可以调解。调解达成协议的，另行制作调解书。对财产分割和子女抚养问题的判决不服的，当事人可以上诉。

第十条　婚姻法第十一条所称的"胁迫"，是指行为人以给另一方当事人或者其近亲属的生命、身体健康、名誉、财产等方面造成损害为要挟，迫使另一方当事人违背真实意愿结婚的情况。

因受胁迫而请求撤销婚姻的，只能是受胁迫一方的婚姻关系当事人本人。

第十一条　人民法院审理婚姻当事人因受胁迫而请求撤销婚姻的案件，应当适用简易程序或者普通程序。

第十二条　婚姻法第十一条规定的"一年"，不适用诉讼时效中止、中断或者延长的规定。

第十三条　婚姻法第十二条所规定的自始无效，是指无效或者可撤销婚姻在依法被宣告无效或被撤销时，才确定该婚姻自始不受法律保护。

第十四条　人民法院根据当事人的申请，依法宣告婚姻无效或者撤销婚姻的，应当收缴双方的结婚证书并将生效的判决书寄送当地婚姻登记管理机关。

第十五条　被宣告无效或被撤销的婚姻，当事人同居期间所得的财产，按共同共有处理。但有证据证明为当事人一方所有的除外。

第十六条 人民法院审理重婚导致的无效婚姻案件时，涉及财产处理的，应当准许合法婚姻当事人作为有独立请求权的第三人参加诉讼。

第十七条 婚姻法第十七条关于"夫或妻对夫妻共同所有的财产，有平等的处理权"的规定，应当理解为：

（一）夫或妻在处理夫妻共同财产上的权利是平等的。因日常生活需要而处理夫妻共同财产的，任何一方均有权决定。

（二）夫或妻非因日常生活需要对夫妻共同财产做重要处理决定，夫妻双方应当平等协商，取得一致意见。他人有理由相信其为夫妻双方共同意思表示的，另一方不得以不同意或不知道为由对抗善意第三人。

第十八条 婚姻法第十九条所称"第三人知道该约定的"，夫妻一方对此负有举证责任。

第十九条 婚姻法第十八条规定为夫妻一方所有的财产，不因婚姻关系的延续而转化为夫妻共同财产。但当事人另有约定的除外。

第二十条 婚姻法第二十一条规定的"不能独立生活的子女"，是指尚在校接受高中及其以下学历教育，或者丧失或未完全丧失劳动能力等非因主观原因而无法维持正常生活的成年子女。

第二十一条 婚姻法第二十一条所称"抚养费"，包括子女生活费、教育费、医疗费等费用。

第二十二条 人民法院审理离婚案件，符合第三十二条第二款规定"应准予离婚"情形的，不应当因当事人有过错而判决不准离婚。

第二十三条 婚姻法第三十三条所称的"军人一方有重大过错"，可以依据婚姻法第三十二条第二款前三项规定及军人有其他重大过错导致夫妻感情破裂的情形予以判断。

第二十四条 人民法院作出的生效的离婚判决中未涉及探望权，当事人就探望权问题单独提起诉讼的，人民法院应予受理。

第二十五条 当事人在履行生效判决、裁定或者调解书的过程中，请求中止行使探望权的，人民法院在征询双方当事人意见后，认为需要中止行使探望权的，依法作出裁定。中止探望的情形消失后，人民法院应当根据当事人的申请通知其恢复探望权的行使。

第二十六条 未成年子女、直接抚养子女的父或母及其他对未成年子女负担抚养、教育义务的法定监护人，有权向人民法院提出中止探望权的请求。

第二十七条　婚姻法第四十二条所称"一方生活困难"，是指依靠个人财产和离婚时分得的财产无法维持当地基本生活水平。

一方离婚后没有住处的，属于生活困难。

离婚时，一方以个人财产中的住房对生活困难者进行帮助的形式，可以是房屋的居住权或者房屋的所有权。

第二十八条　婚姻法第四十六条规定的"损害赔偿"，包括物质损害赔偿和精神损害赔偿。涉及精神损害赔偿的，适用最高人民法院《关于确定民事侵权精神损害赔偿责任若干问题的解释》的有关规定。

第二十九条　承担婚姻法第四十六条规定的损害赔偿责任的主体，为离婚诉讼当事人中无过错方的配偶。

人民法院判决不准离婚的案件，对于当事人基于婚姻法第四十六条提出的损害赔偿请求，不予支持。

在婚姻关系存续期间，当事人不起诉离婚而单独依据该条规定提起损害赔偿请求的，人民法院不予受理。

第三十条　人民法院受理离婚案件时，应当将婚姻法第四十六条等规定中当事人的有关权利义务，书面告知当事人。在适用婚姻法第四十六条时，应当区分以下不同情况：

（一）符合婚姻法第四十六条规定的无过错方作为原告基于该条规定向人民法院提起损害赔偿请求的，必须在离婚诉讼的同时提出。

（二）符合婚姻法第四十六条规定的无过错方作为被告的离婚诉讼案件，如果被告不同意离婚也不基于该条规定提起损害赔偿请求的，可以在离婚后一年内就此单独提起诉讼。

（三）无过错方作为被告的离婚诉讼案件，一审时被告未基于婚姻法第四十六条规定提出损害赔偿请求，二审期间提出的，人民法院应当进行调解，调解不成的，告知当事人在离婚后一年内另行起诉。

第三十一条　当事人依据婚姻法第四十七条的规定向人民法院提起诉讼，请求再次分割夫妻共同财产的诉讼时效为两年，从当事人发现之次日起计算。

第三十二条　婚姻法第四十八条关于对拒不执行有关探望子女等判决和裁定的，由人民法院依法强制执行的规定，是指对拒不履行协助另一方行使探望权的有关个人和单位采取拘留、罚款等强制措施，不能对子女的人身、探望行为进行强制执行。

第三十三条 婚姻法修改后正在审理的一、二审婚姻家庭纠纷案件，一律适用修改后的婚姻法。此前最高人民法院作出的相关司法解释如与本解释相抵触，以本解释为准。

第三十四条 本解释自公布之日起施行。

附录三

最高人民法院关于适用《中华人民共和国婚姻法》若干问题的解释（二）

法释〔2003〕19 号

为正确审理婚姻家庭纠纷案件，根据《中华人民共和国婚姻法》（以下简称婚姻法）、《中华人民共和国民事诉讼法》等相关法律规定，对人民法院适用婚姻法的有关问题作出如下解释：

第一条 当事人起诉请求解除同居关系的，人民法院不予受理。但当事人请求解除的同居关系，属于婚姻法第三条、第三十二条、第四十六条规定的"有配偶者与他人同居"的，人民法院应当受理并依法予以解除。

当事人因同居期间财产分割或者子女抚养纠纷提起诉讼的，人民法院应当受理。

第二条 人民法院受理申请宣告婚姻无效案件后，经审查确属无效婚姻的，应当依法作出宣告婚姻无效的判决。原告申请撤诉的，不予准许。

第三条 人民法院受理离婚案件后，经审查确属无效婚姻的，应当将婚姻无效的情形告知当事人，并依法作出宣告婚姻无效的判决。

第四条 人民法院审理无效婚姻案件，涉及财产分割和子女抚养的，应当对婚姻效力的认定和其他纠纷的处理分别制作裁判文书。

第五条 夫妻一方或者双方死亡后一年内，生存一方或者利害关系人依据婚姻法第十条的规定申请宣告婚姻无效的，人民法院应当受理。

第六条 利害关系人依据婚姻法第十条的规定，申请人民法院宣告婚姻无效的，利害关系人为申请人，婚姻关系当事人双方为被申请人。

夫妻一方死亡的，生存一方为被申请人。

夫妻双方均已死亡的，不列被申请人。

第七条 人民法院就同一婚姻关系分别受理了离婚和申请宣告婚姻无效案件的，对于离婚案件的审理，应当待申请宣告婚姻无效案件作出判决后进行。

前款所指的婚姻关系被宣告无效后，涉及财产分割和子女抚养的，应当继续审理。

第八条 离婚协议中关于财产分割的条款或者当事人因离婚就财产分割达成的协议，对男女双方具有法律约束力。

当事人因履行上述财产分割协议发生纠纷提起诉讼的，人民法院应当受理。

第九条 男女双方协议离婚后一年内就财产分割问题反悔，请求变更或者撤销财产分割协议的，人民法院应当受理。

人民法院审理后，未发现订立财产分割协议时存在欺诈、胁迫等情形的，应当依法驳回当事人的诉讼请求。

第十条 当事人请求返还按照习俗给付的彩礼的，如果查明属于以下情形，人民法院应当予以支持：

（一）双方未办理结婚登记手续的；

（二）双方办理结婚登记手续但确未共同生活的；

（三）婚前给付并导致给付人生活困难的。

适用前款第（二）、（三）项的规定，应当以双方离婚为条件。

第十一条 婚姻关系存续期间，下列财产属于婚姻法第十七条规定的"其他应当归共同所有的财产"：

（一）一方以个人财产投资取得的收益；

（二）男女双方实际取得或者应当取得的住房补贴、住房公积金；

（三）男女双方实际取得或者应当取得的养老保险金、破产安置补偿费。

第十二条 婚姻法第十七条第三项规定的"知识产权的收益"，是指婚姻关系存续期间，实际取得或者已经明确可以取得的财产性收益。

第十三条 军人的伤亡保险金、伤残补助金、医药生活补助费属于个人财产。

第十四条 人民法院审理离婚案件，涉及分割发放到军人名下的复员费、自主择业费等一次性费用的，以夫妻婚姻关系存续年限乘以年平均值，所得数额为夫妻共同财产。

前款所称年平均值，是指将发放到军人名下的上述费用总额按具体年限均分得出的数额。其具体年限为人均寿命七十岁与军人入伍时实际年龄的差额。

第十五条 夫妻双方分割共同财产中的股票、债券、投资基金份额等有价证券以及未上市股份有限公司股份时，协商不成或者按市价分配有困难的，人民法院可以根据数量按比例分配。

第十六条　人民法院审理离婚案件，涉及分割夫妻共同财产中以一方名义在有限责任公司的出资额，另一方不是该公司股东的，按以下情形分别处理：

（一）夫妻双方协商一致将出资额部分或者全部转让给该股东的配偶，过半数股东同意、其他股东明确表示放弃优先购买权的，该股东的配偶可以成为该公司股东；

（二）夫妻双方就出资额转让份额和转让价格等事项协商一致后，过半数股东不同意转让，但愿意以同等价格购买该出资额的，人民法院可以对转让出资所得财产进行分割。过半数股东不同意转让，也不愿意以同等价格购买该出资额的，视为其同意转让，该股东的配偶可以成为该公司股东。

用于证明前款规定的过半数股东同意的证据，可以是股东会决议，也可以是当事人通过其他合法途径取得的股东的书面声明材料。

第十七条　人民法院审理离婚案件，涉及分割夫妻共同财产中以一方名义在合伙企业中的出资，另一方不是该企业合伙人的，当夫妻双方协商一致，将其合伙企业中的财产份额全部或者部分转让给对方时，按以下情形分别处理：

（一）其他合伙人一致同意的，该配偶依法取得合伙人地位；

（二）其他合伙人不同意转让，在同等条件下行使优先受让权的，可以对转让所得的财产进行分割；

（三）其他合伙人不同意转让，也不行使优先受让权，但同意该合伙人退伙或者退还部分财产份额的，可以对退还的财产进行分割；

（四）其他合伙人既不同意转让，也不行使优先受让权，又不同意该合伙人退伙或者退还部分财产份额的，视为全体合伙人同意转让，该配偶依法取得合伙人地位。

第十八条　夫妻以一方名义投资设立独资企业的，人民法院分割夫妻在该独资企业中的共同财产时，应当按照以下情形分别处理：

（一）一方主张经营该企业的，对企业资产进行评估后，由取得企业一方给予另一方相应的补偿；

（二）双方均主张经营该企业的，在双方竞价基础上，由取得企业的一方给予另一方相应的补偿；

（三）双方均不愿意经营该企业的，按照《中华人民共和国个人独资企业法》等有关规定办理。

第十九条 由一方婚前承租、婚后用共同财产购买的房屋，房屋权属证书登记在一方名下的，应当认定为夫妻共同财产。

第二十条 双方对夫妻共同财产中的房屋价值及归属无法达成协议时，人民法院按以下情形分别处理：

（一）双方均主张房屋所有权并且同意竞价取得的，应当准许；

（二）一方主张房屋所有权的，由评估机构按市场价格对房屋作出评估，取得房屋所有权的一方应当给予另一方相应的补偿；

（三）双方均不主张房屋所有权的，根据当事人的申请拍卖房屋，就所得价款进行分割。

第二十一条 离婚时双方对尚未取得所有权或者尚未取得完全所有权的房屋有争议且协商不成的，人民法院不宜判决房屋所有权的归属，应当根据实际情况判决由当事人使用。

当事人就前款规定的房屋取得完全所有权后，有争议的，可以另行向人民法院提起诉讼。

第二十二条 当事人结婚前，父母为双方购置房屋出资的，该出资应当认定为对自己子女的个人赠与，但父母明确表示赠与双方的除外。

当事人结婚后，父母为双方购置房屋出资的，该出资应当认定为对夫妻双方的赠与，但父母明确表示赠与一方的除外。

第二十三条 债权人就一方婚前所负个人债务向债务人的配偶主张权利的，人民法院不予支持。但债权人能够证明所负债务用于婚后家庭共同生活的除外。

第二十四条 债权人就婚姻关系存续期间夫妻一方以个人名义所负债务主张权利的，应当按夫妻共同债务处理。但夫妻一方能够证明债权人与债务人明确约定为个人债务，或者能够证明属于婚姻法第十九条第三款规定情形的除外。

第二十五条 当事人的离婚协议或者人民法院的判决书、裁定书、调解书已经对夫妻财产分割问题作出处理的，债权人仍有权就夫妻共同债务向男女双方主张权利。

一方就共同债务承担连带清偿责任后，基于离婚协议或者人民法院的法律文书向另一方主张追偿的，人民法院应当支持。

第二十六条　夫或妻一方死亡的，生存一方应当对婚姻关系存续期间的共同债务承担连带清偿责任。

第二十七条　当事人在婚姻登记机关办理离婚登记手续后，以婚姻法第四十六条规定为由向人民法院提出损害赔偿请求的，人民法院应当受理。但当事人在协议离婚时已经明确表示放弃该项请求，或者在办理离婚登记手续一年后提出的，不予支持。

第二十八条　夫妻一方申请对配偶的个人财产或者夫妻共同财产采取保全措施的，人民法院可以在采取保全措施可能造成损失的范围内，根据实际情况，确定合理的财产担保数额。

第二十九条　本解释自 2004 年 4 月 1 日起施行。

本解释施行后，人民法院新受理的一审婚姻家庭纠纷案件，适用本解释。

本解释施行后，此前最高人民法院作出的相关司法解释与本解释相抵触的，以本解释为准。

附录四

最高人民法院关于适用《中华人民共和国婚姻法》 若干问题的解释（三）

法释〔2011〕18 号

为正确审理婚姻家庭纠纷案件，根据《中华人民共和国婚姻法》《中华人民共和国民事诉讼法》等相关法律规定，对人民法院适用婚姻法的有关问题作出如下解释：

第一条 当事人以婚姻法第十条规定以外的情形申请宣告婚姻无效的，人民法院应当判决驳回当事人的申请。

当事人以结婚登记程序存在瑕疵为由提起民事诉讼，主张撤销结婚登记的，告知其可以依法申请行政复议或者提起行政诉讼。

第二条 夫妻一方向人民法院起诉请求确认亲子关系不存在，并已提供必要证据予以证明，另一方没有相反证据又拒绝做亲子鉴定的，人民法院可以推定请求确认亲子关系不存在一方的主张成立。

当事人一方起诉请求确认亲子关系，并提供必要证据予以证明，另一方没有相反证据又拒绝做亲子鉴定的，人民法院可以推定请求确认亲子关系一方的主张成立。

第三条 婚姻关系存续期间，父母双方或者一方拒不履行抚养子女义务，未成年或者不能独立生活的子女请求支付抚养费的，人民法院应予支持。

第四条 婚姻关系存续期间，夫妻一方请求分割共同财产的，人民法院不予支持，但有下列重大理由且不损害债权人利益的除外：

（一）一方有隐藏、转移、变卖、毁损、挥霍夫妻共同财产或者伪造夫妻共同债务等严重损害夫妻共同财产利益行为的；

（二）一方负有法定扶养义务的人患重大疾病需要医治，另一方不同意支付相关医疗费用的。

第五条 夫妻一方个人财产在婚后产生的收益，除孳息和自然增值外，应认定为夫妻共同财产。

第六条 婚前或者婚姻关系存续期间，当事人约定将一方所有的房产赠与另一方，赠与方在赠与房产变更登记之前撤销赠与，另一方请求判令继续履行的，人民法院可以按照合同法第一百八十六条的规定处理。

第七条 婚后由一方父母出资为子女购买的不动产，产权登记在出资人子女名下的，可按照婚姻法第十八条第（三）项的规定，视为只对自己子女一方的赠与，该不动产应认定为夫妻一方的个人财产。

由双方父母出资购买的不动产，产权登记在一方子女名下的，该不动产可认定为双方按照各自父母的出资份额按份共有，但当事人另有约定的除外。

第八条 无民事行为能力人的配偶有虐待、遗弃等严重损害无民事行为能力一方的人身权利或者财产权益行为，其他有监护资格的人可以依照特别程序要求变更监护关系；变更后的监护人代理无民事行为能力一方提起离婚诉讼的，人民法院应予受理。

第九条 夫以妻擅自中止妊娠侵犯其生育权为由请求损害赔偿的，人民法院不予支持；夫妻双方因是否生育发生纠纷，致使感情确已破裂，一方请求离婚的，人民法院经调解无效，应依照婚姻法第三十二条第三款第（五）项的规定处理。

第十条 夫妻一方婚前签订不动产买卖合同，以个人财产支付首付款并在银行贷款，婚后用夫妻共同财产还贷，不动产登记于首付款支付方名下的，离婚时该不动产由双方协议处理。

依前款规定不能达成协议的，人民法院可以判决该不动产归产权登记一方，尚未归还的贷款为产权登记一方的个人债务。双方婚后共同还贷支付的款项及其相对应财产增值部分，离婚时应根据婚姻法第三十九条第一款规定的原则，由产权登记一方对另一方进行补偿。

第十一条 一方未经另一方同意出售夫妻共同共有的房屋，第三人善意购买、支付合理对价并办理产权登记手续，另一方主张追回该房屋的，人民法院不予支持。

夫妻一方擅自处分共同共有的房屋造成另一方损失，离婚时另一方请求赔偿损失的，人民法院应予支持。

第十二条 婚姻关系存续期间，双方用夫妻共同财产出资购买以一方父母名义参加房改的房屋，产权登记在一方父母名下，离婚时另一方主张按照夫妻共同财产对该房屋进行分割的，人民法院不予支持。购买该房屋时的出资，可以作为债权处理。

第十三条 离婚时夫妻一方尚未退休、不符合领取养老保险金条件，另一方请求按照夫妻共同财产分割养老保险金的，人民法院不予支持；婚后以夫妻共同财产缴付养老保险费，离婚时一方主张将养老金账户中婚姻关系存续期间个人实际缴付部分作为夫妻共同财产分割的，人民法院应予支持。

第十四条 当事人达成的以登记离婚或者到人民法院协议离婚为条件的财产分割协议，如果双方协议离婚未成，一方在离婚诉讼中反悔的，人民法院应当认定该财产分割协议没有生效，并根据实际情况依法对夫妻共同财产进行分割。

第十五条 婚姻关系存续期间，夫妻一方作为继承人依法可以继承的遗产，在继承人之间尚未实际分割，起诉离婚时另一方请求分割的，人民法院应当告知当事人在继承人之间实际分割遗产后另行起诉。

第十六条 夫妻之间订立借款协议，以夫妻共同财产出借给一方从事个人经营活动或用于其他个人事务的，应视为双方约定处分夫妻共同财产的行为，离婚时可按照借款协议的约定处理。

第十七条 夫妻双方均有婚姻法第四十六条规定的过错情形，一方或者双方向对方提出离婚损害赔偿请求的，人民法院不予支持。

第十八条 离婚后，一方以尚有夫妻共同财产未处理为由向人民法院起诉请求分割的，经审查该财产确属离婚时未涉及的夫妻共同财产，人民法院应当依法予以分割。

第十九条 本解释施行后，最高人民法院此前作出的相关司法解释与本解释相抵触的，以本解释为准。

附录五

最高人民法院关于审理离婚案件中公房使用、承租若干问题的解答

（最高人民法院审判委员会第 791 次会议讨论通过）

人民法院审理离婚案件对公房使用、承租问题应当依照《中华人民共和国民法通则》《中华人民共和国婚姻法》《中华人民共和国妇女权益保障法》和其他有关法律规定，坚持男女平等和保护妇女、儿童合法权益等原则，考虑双方的经济收入，实事求是，合情合理地予以解决。现将审判实践中提出的一些问题，根据有关法律的规定，解答如下：

一、问：在离婚案件中，当事人对公房的使用、承租问题发生争议，人民法院可否予以处理？

答：在离婚案件中，当事人对公房的使用、承租问题发生争议，自行协商不成，或者经当事人双方单位或有关部门调解不成的，人民法院应根据案件的具体情况，依法予以妥善处理。

二、问：夫妻共同居住的公房，在什么情况下，离婚双方均可承租？

答：夫妻共同居住的公房，具有下列情形之一的，离婚后，双方均可承租：

（一）婚前由一方承租的公房，婚姻关系存续 5 年以上的；

（二）婚前一方承租的本单位的房屋，离婚时，双方均为本单位职工的；

（三）一方婚前借款投资建房取得的公房承租权，婚后夫妻共同偿还借款的；

（四）婚后一方或双方申请取得公房承租权的；

（五）婚前一方承租的公房，婚后因该承租房屋拆迁而取得房屋承租权的；

（六）夫妻双方单位投资联建或联合购置的共有房屋的；

（七）一方将其承租的本单位的房屋，交回本单位或交给另一方单位后，另一方单位另给调换房屋的；

（八）婚前双方均租有公房，婚后合并调换房屋的；

（九）其他应当认定为夫妻双方均可承租的情形。

三、问：对夫妻双方均可承租的公房，应依照什么原则处理？

答：对夫妻双方均可承租的公房，应依照下列原则予以处理：

（一）照顾抚养子女的一方；

（二）男女双方在同等条件下，照顾女方；

（三）照顾残疾或生活困难的一方；

（四）照顾无过错一方。

四、问：对夫妻双方均可承租的公房而由一方承租的，承租方对另一方是否给予经济补偿？

答：对夫妻双方均可承租的公房而由一方承租的，承租方对另一方可给予适当的经济补偿。

五、问：夫妻双方均可承租的公房能够隔开分室居住使用的，可否由双方分别租住？

答：夫妻双方均可承租的公房，如其面积较大能够隔开分室居住使用的，可由双方分别租住；对可以另调房屋分别租住或承租方给另一方解决住房的，可予准许。

六、问：离婚时，一方对另一方婚前承租的公房无权承租的，可否暂时居住？

答：离婚时，一方对另一方婚前承租的公房无权承租而解决住房确有困难的，人民法院可调解或判决其暂时居住，暂住期限一般不超过两年。暂住期间，暂住方应交纳与房屋租金等额的使用费及其他必要的费用。

七、问：离婚时，一方对另一方婚前承租的公房无权承租而另行租房经济上确有困难的，如何处理？

答：离婚时，一方对另一方婚前承租的公房无权承租，另行租房经济上确有困难的，如承租公房一方有负担能力，应给予一次性经济帮助。

八、问：在调整和变更单位自管房屋租赁关系时，是否需征得自管房单位的同意？

答：人民法院在调整和变更单位自管房屋（包括单位委托房地产管理部门代管的房屋）的租赁关系时，一般应征求自管房单位的意见。经调解或判决变更房屋租赁关系的，承租人应依照有关规定办理房屋变更登记手续。

九、问：对夫妻双方共同出资而取得"部分产权"的房屋，应如何处理？

答：对夫妻共同出资而取得"部分产权"的房屋，人民法院可参照上述有关解答，予以妥善处理。但分得房屋"部分产权"的一方，一般应按所得房屋产权的比例，依照离婚时当地政府有关部门公布的同类住房标准价，给予对方一半价值的补偿。

十、问：对夫妻双方均争房屋"部分产权"的，可否采取竞价方式解决？

答：对夫妻双方均争房屋"部分产权"的，如双方同意或者双方经济、住房条件基本相同，可采取竞价方式解决。

附录六

最高人民法院关于人民法院审理离婚案件处理财产分割问题的若干具体意见

（最高人民法院审判委员会第 603 次会议讨论通过）

人民法院审理离婚案件对夫妻共同财产的处理，应当依照《中华人民共和国婚姻法》《中华人民共和国妇女权益保障法》及有关法律规定，分清个人财产、夫妻共同财产和家庭共同财产，坚持男女平等，保护妇女、儿童的合法权益，照顾无过错方，尊重当事人意愿，有利生产、方便生活的原则，合情合理地予以解决。根据上述原则，结合审判实践，提出如下具体意见：

1. 夫妻双方对财产归谁所有以书面形式约定的，或以口头形式约定，双方无争议的，离婚时应按约定处理。但规避法律的约定无效。

2. 夫妻双方在婚姻关系存续期间所得的财产，为夫妻共同财产，包括：

（1）一方或双方劳动所得的收入和购置的财产；

（2）一方或双方继承、受赠的财产；

（3）一方或双方由知识产权取得的经济利益；

（4）一方或双方从事承包、租赁等生产、经营活动的收益；

（5）一方或双方取得的债权；

（6）一方或双方的其他合法所得。

3. 在婚姻关系存续期间，复员、转业军人所得的复员费、转业费，结婚时间 10 年以上的，应按夫妻共同财产进行分割。复员军人从部队带回的医药补助费和回乡生产补助费，应归本人所有。

4. 夫妻分居两地分别管理、使用的婚后所得财产，应认定为夫妻共同财产。在分割财产时，各自分别管理、使用的财产归各自所有。双方所分财产相差悬殊的，差额部分，由多得财产的一方以与差额相当的财产抵偿另一方。

5. 已登记结婚，尚未共同生活，一方或双方受赠的礼金、礼物应认定为夫妻共同财产，具体处理时应考虑财产来源、数量等情况合理分割。各自出资购置、各自使用的财物，原则上归各自所有。

6. 一方婚前个人所有的财产，婚后由双方共同使用、经营、管理的，房屋和其他价值较大的生产资料经过 8 年，贵重的生活资料经过 4 年，可视为夫妻共同财产。

7. 对个人财产还是夫妻共同财产难以确定的，主张权利的一方有责任举证。当事人举不出有力证据，人民法院又无法查实的，按夫妻共同财产处理。

8. 夫妻共同财产，原则上均等分割。根据生产、生活的实际需要和财产的来源等情况，具体处理时也可以有所差别。属于个人专用的物品，一般归个人所有。

9. 一方以夫妻共同财产与他人合伙经营的，入伙的财产可分给一方所有，分得入伙财产的一方对另一方应给予相当于入伙财产一半价值的补偿。

10. 属于夫妻共同财产的生产资料，可分给有经营条件和能力的一方。分得该生产资料的一方对另一方应给予相当于该财产一半价值的补偿。

11. 对夫妻共同经营的当年无收益的养殖、种植业等，离婚时应从有利于发展生产、有利于经营管理考虑，予以合理分割或折价处理。

12. 婚后 8 年内双方对婚前一方所有的房屋进行过修缮、装修、原拆原建，离婚时未变更产权的，房屋仍归产权人所有，增值部分中属于另一方应得的份额，由房屋所有权人折价补偿另一方；进行过扩建的，扩建部分的房屋应按夫妻共同财产处理。

13. 对不宜分割使用的夫妻共有的房屋，应根据双方住房情况和照顾抚养子女方或无过错方等原则分给一方所有。分得房屋的一方对另一方应给予相当于该房屋一半价值的补偿。在双方条件等同的情况下，应照顾女方。

14. 婚姻存续期间居住的房屋属于一方所有，另一方以离婚后无房居住为由，要求暂住的，经查实可据情予以支持，但一般不超过两年。

无房一方租房居住经济上确有困难的，享有房屋产权的一方可给予一次性经济帮助。

15. 离婚时一方尚未取得经济利益的知识产权，归一方所有。在分割夫妻共同财产时，可根据具体情况，对另一方予以适当的照顾。

16. 婚前个人财产在婚后共同生活中自然毁损、消耗、灭失，离婚时一方要求以夫妻共同财产抵偿的，不予支持。

17. 夫妻为共同生活或为履行抚养、赡养义务等所负债务，应认定为夫妻共同债务，离婚时应当以夫妻共同财产清偿。

下列债务不能认定为夫妻共同债务，应由一方以个人财产清偿：

（1）夫妻双方约定由个人负担的债务，但以逃避债务为目的的除外。

（2）一方未经对方同意，擅自资助与其没有抚养义务的亲朋所负的债务。

（3）一方未经对方同意，独自筹资从事经营活动，其收入确未用于共同生活所负的债务。

（4）其他应由个人承担的债务。

18. 婚前一方借款购置的房屋等财物已转化为夫妻共同财产的，为购置财物借款所负债务，视为夫妻共同债务。

19. 借婚姻关系索取的财物，离婚时，如结婚时间不长，或者因索要财物造成对方生活困难的，可酌情返还。对取得财物的性质是索取还是赠与难以认定的，可按赠与处理。

20. 离婚时夫妻共同财产未从家庭共同财产中析出，一方要求析产的，可先就离婚和已查清的财产问题进行处理，对一时确实难以查清的财产的分割问题可告知当事人另案处理；或者中止离婚诉讼，待析产案件审结后再恢复离婚诉讼。

21. 一方将夫妻共同财产非法隐藏、转移拒不交出的，或非法变卖、毁损的，分割财产时，对隐藏、转移、变卖、毁损财产的一方，应予以少分或不分。具体处理时，应把隐藏、转移、变卖、毁损的财产作为隐藏、转移、变卖、毁损财产的一方分得的财产份额，对另一方的应得的份额应以其他夫妻共同财产折抵，不足折抵的，差额部分由隐藏、转移、变卖、毁损财产的一方折价补偿对方。对非法隐藏、转移、变卖、毁损夫妻共同财产的一方，人民法院可依照《中华人民共和国民事诉讼法》第一百零二条的规定进行处理。

22. 属于事实婚姻的，其财产分割适用本意见。属于非法同居的，其财产分割按最高人民法院《关于人民法院审理未办结婚登记而以夫妻名义同居生活案件的若干意见》的有关规定处理。

1993 年 11 月 3 日

附录七

最高人民法院民一庭负责人就
《中华人民共和国婚姻法》司法解释答记者问

（2001 年 12 月 28 日）

问：最高人民法院近日就修改后的《中华人民共和国婚姻法》作出相关司法解释，您能否介绍一下有关情况？

答：第九届全国人民代表大会常务委员会通过了关于修改《中华人民共和国婚姻法》（以下简称《婚姻法》）的决定，修改后的《婚姻法》于2001年4月28日起施行。为更好地理解、贯彻和执行修改后的《婚姻法》，指导各级人民法院正确审理婚姻家庭纠纷案件，最高人民法院在《婚姻法》实施后即着手制定新的司法解释。《婚姻法》修改之前适用的原有的司法解释，应加以清理，与《婚姻法》相抵触的应予废止。但是，由于需要清理和重新规定的内容很多，如果等全面清理后再制定一个完整、系统的司法解释，不仅需要深入研究原有的司法解释，而且需要进一步调查研究《婚姻法》实施过程中出现的新情况、新问题，还需要总结其实施后的审判实践经验，这样的话，短期内难以出台，而目前实践中许多法律适用问题又迫切需要解决。所以，我们计划分批作出司法解释。这次的《最高人民法院关于适用〈中华人民共和国婚姻法〉若干问题的解释（一）》（以下简称《解释》），主要是对适用《婚姻法》中的一些程序性和亟须解决的问题作出规定。

《婚姻法》实施后，我们首先向全国法院系统发出通知，号召大家认真学习《婚姻法》，并将学习过程中遇到的问题及实践中存在的问题及时反馈给我院。今年5月底，我庭与中国女法官协会又在重庆联合召开了适用《婚姻法》的座谈会。在整理、收集材料的基础上，我们起草了《解释》初稿，并由院、庭领导亲自带队到全国十多个省调研征求意见，不断地进行修改。除法院系统内的调研外，我们还征求了全国人大法工委、民政部、妇联等有关部门的意见。最高人民法院的领导班子成员，还分别到全国各地听取全国人大代表的意见。不久前，我们还专门召开了专家学者论证会。大家现在看到的《解释》是最终经最高法院审判委员会讨论通过并公布实施的。

问：这次的《解释》主要有哪些方面的内容？

答：《解释》主要包括如下方面的内容：有配偶者与他人同居如何理解和适用；家庭暴力的含义及与虐待的关系；补办结婚登记的效力及认定问题；《婚姻法》新增加的无效婚姻和可撤销婚姻的请求权主体及有关具体操作问题；探望权行使的主体范围、探望权的中止行使、恢复行使等问题；对《婚姻法》规定夫妻双方对夫妻共同财产有平等处理权的理解；《婚姻法》第四十二条规定离婚后一方生活困难，另一方可以从其住房等个人财产中予以帮助，对于"生活困难"的解释及以住房进行帮助的具体形式问题；对《婚姻法》第四十六条的理解与适用问题等。

问：《婚姻法》增加了禁止家庭暴力和禁止有配偶者与他人同居的规定，《解释》中对此有何相关规定，您能否介绍一下？

答：目前国内外都在开展反对家庭暴力的运动，《解释》对家庭暴力的理解采取的是较为客观、严格的标准，不能把日常生活中偶尔的打闹、争吵理解为家庭暴力。另外，我们对家庭暴力的理解，不仅局限于夫妻之间，家庭其他成员之间发生的暴力都包括在内。对于有配偶者与他人同居，我们的表述力求将其与重婚、偶发性的婚外性行为等相区分。

问：《婚姻法》增加了补办结婚登记的规定，对于未补办结婚登记而要求离婚的，应当如何处理？

答：《婚姻法》第七条规定未办理结婚登记而以夫妻名义共同生活的男女，应当补办结婚登记。但不补办结婚登记而到人民法院起诉离婚的怎么处理，如果补办了结婚登记的，其效力又如何确定等问题，立法没有明文规定。从立法本意而言，对于补办了结婚登记的，应当承认其具有溯及力，效力自双方均符合《婚姻法》规定的结婚的实质要件时起计算。

对于没有补办结婚登记而以夫妻名义共同生活的男女，起诉到法院要求离婚的，人民法院应根据不同情况，区别对待。对此类问题，我们原来有过司法解释。这次《婚姻法》规定了补办结婚登记的制度，是从我国的现实情况出发，在坚持结婚必须进行登记的大前提下，现阶段有条件地允许补办登记。为了更好地与以往的司法解释相衔接，也考虑到对婚姻登记制度的正确引导以及司法解释实施的社会效果，《解释》中规定了不同情况：属于按原来司法解释已经认定为事实婚姻的，现在仍然认可其婚姻效力；对于不符合事实婚姻所应具备条件的案件，一方到人民法院起诉要求离婚，人民法院告知其应于案件受理前补办结婚登记，否则按解除同居关系对待。

问：关于无效婚姻和可撤销婚姻问题，《解释》有哪些规定？

答：《婚姻法》规定了四种情形下缔结的婚姻为无效婚姻，那么，哪些人可以请求宣告婚姻无效，是将该请求权仅赋予婚姻当事人，还是允许扩大到利害关系人的范围？

《解释》采取的是有条件地允许利害关系人提出请求。除了重婚的利害关系人范围包括当事人的近亲属和基层组织外，其余几种情况的无效婚姻，利害关系人都限于当事人的近亲属。由于婚姻是双方当事人之间的意思表示，如无特殊情况，原则上应限制他人过多地干涉。

如果当事人在登记时存在婚姻无效的情形，但随着时间的推移，原来的无效情形已经消失了的，不得再请求宣告婚姻无效。例如登记时未达法定婚龄，应当属于无效婚姻，但已经达到了法定婚龄之后，再以当初登记时未达法定婚龄为由，请求宣告婚姻无效的；人民法院依法不予支持。

人民法院审理宣告无效婚姻案件，适用什么程序，对于未达法定婚龄等很明显且容易查证的事实是否还一定要经过一审、二审这样的诉讼程序？通常人民法院在审理离婚案件时，如果判决离婚的，对于子女抚养和财产分割问题都一并处理。由于无效婚姻制度中涉及利害关系人提起诉讼的情形，又如何规定？为解决上述问题，《解释》规定，人民法院审理宣告婚姻无效的案件，对婚姻效力的审理不适用调解，应当依法判决，判决一经作出，即发生法律效力，当事人不得再就婚姻效力问题提出上诉。对于涉及子女抚养和财产分割的，可以调解，如以判决形式作出的，对此部分可以上诉。在审理因重婚导致的无效婚姻案件时，为更好地贯彻婚姻法规定的保护合法婚姻当事人权益的原则，《解释》规定，此类案件中涉及财产处理的，应当准许合法婚姻当事人作为有独立请求权的第三人参加诉讼。

关于可撤销婚姻问题，《解释》将请求权仅赋予了受胁迫者本人。这是考虑到立法规定基于因受胁迫而请求撤销婚姻的，自受胁迫人恢复自由之日起一年内提出，其本人有足够的时间和能力亲自提出请求，无须再允许他人提出。同时对于受胁迫的含义进行了必要的解释。应该指出的是，受胁迫的人包括当事人本人及其近亲属，实施胁迫行为的行为人，既可以是婚姻当事人本人，也可以是其近亲属。

问：《婚姻法》规定了离婚后，不与子女共同生活的父或母有探望子女的权利。您能否就这方面的问题给我们介绍一下情况？

答：探望权是《婚姻法》新增加的内容，对于此后发生的离讼中涉及探望权的，依法予以保护，自无疑问。关键是对于之前已经判决离婚的，由于当时法律并无探望权的规定，后来离婚的当事人向法院起诉要求保护其探望权的，怎么处理？《解释》规定，人民法院作出的生效的离婚判决中未涉及探望权，人就探望权问题单独提起诉讼的，人民法院应予受理。另外，行使探望权出现不利于子女身心健康的情况时，人民法院可以根据当事人的申请，依法中止探望权的行使；待中止情形消失后，再根据当事人的申请通知双方当事人恢复探望权的行使。探望权的中止，只是权利行使暂时性地受到限制，不是对探望权的实体权利进行处分，因此，关于探望权的中止、恢复等请求，不发生独立的新的诉讼，而是作为在履行人民法院作出的生效的裁判文书过程中发生的，依法应予处理的情况对待。对于哪些人有权提出中止探望权的行使，《解释》进行了规定。由于探望权的立法本意是为了使子女身心能得到更好的发展，有鉴于此，我们就有权提出中止行使探望权的主体问题进行了解释，以求更好地保护未成年子女的合法权益。

问：有关夫妻财产制问题，《解释》都有哪些规定？

答：这次的《婚姻法》完善了夫妻财产制度，不仅明确规定夫妻之间可以就财产问题进行约定，还规定了应属夫妻共同财产和归夫或妻一方所有的财产的范围。这与以前的规定有所不同。按现行法律，婚前一方所有的财产，如无特别约定，婚后仍归一方所有。最高法院曾有过司法解释，对于一方婚前所有的财产，如婚后双方共同生活达到一定期限的，视为夫妻共同财产，这显然与现行法律相冲突。由于大家对这个问题较为关注，故《解释》中明确规定夫妻一方所有的财产，不因婚姻关系的延续而转化为夫妻共同财产，以做到司法解释与立法的一致性。

为了体现对弱势群体利益的保护，我们在对《婚姻法》第四十二条规定的情况进行解释时的出发点，就是注重保护弱者的权利。《婚姻法》第四十二条规定："离婚时，如一方生活困难，另一方应从其住房等个人财产中给予适当帮助。"《解释》中单独强调指出，一方离婚后没有住处的，属于生活困难。另一方以金钱给予帮助的，容易理解。以个人所有的住房对另一方进行帮助的，难免会让人产生不同认识。立法未明确是以何种形式予以帮助，是临时居住权，还是长期居住权，还是彻底地将房屋的所有权都转移给生活困难者。根据立法的本意，并经过征求各方的意见，《解释》中采取的是最大限度保护弱者的做法，规定了必要时可以将帮助者的房屋所有权转移给生活有困难的被帮助之人。这样规定，会使那些本人没有什么收入来源，夫妻共同生活多年之后离婚了，但离婚时分得的财产很少或没有，实际情况又确实需要帮助的人，得到一定程度的保护。

另外，夫妻之间的财产约定虽对夫妻内部有约束力，但对外应不得对抗善意第三人。《解释》对《婚姻法》第十九条规定采取的是有利于保护第三人的做法，即夫或妻若想以夫妻之间关于财产的约定来对抗第三人的话，举证责任在夫妻一方，其必须能够证明该第三人明确、清楚地知道夫妻之间的约定，才可以对抗第三人。

问：《婚姻法》第四十六条关于无过错方请求赔偿的规定，在实践中大家都很关注，理解也不尽一致，请您就此问题给我们说明一下。

答：《婚姻法》第四十六条规定了几种情况导致离婚的，无过错的一方有权提出损害赔偿的请求。大家对以下立法没有明确的问题可能会有不同认识，即：无过错方是否仅指合法婚姻当事人中的无过错方，无过错方请求赔偿的权利应在什么时候提出才能依法受到保护，是否可以向婚外的其他人提出该项赔偿请求。

首先应该明确的是，有权依据《婚姻法》第四十六条提起损害赔偿请求的人，仅指合法婚姻关系中的无过错方，而且必须是由于对方的过错导致离婚的，才可以提出，如果不起诉离婚而单独请求此类赔偿的，依法不予支持。

其次，无过错方的此项请求只能以自己的配偶为被告，不能向婚姻的其他人提出。实践中有些人认为该条规定可以适用于不告自己的配偶，而是告第三者，或者把配偶和第三者都作为被告，根据立法的本意，这些理解都是不正确的。

对于无过错方在什么时间提出此项请求的问题，由于立法无明文规定，有人认为可以在婚后任何时候提出，有人认为必须在离婚诉讼的同时提出。如果规定必须在离婚诉讼的同时提出，可能有些人对《婚姻法》依法赋予其的权利并不知道，待离婚后才知道的，真正的无过错方的权利得不到保护。而且我国目前人们对法律的掌握程度和法律意识都不是很强，许多人对该规定是不甚了解的。如果规定可以在离婚后单独提出，会造成举证、认证上的诸多不便，而且在离婚后，即使可以提出，由于财产在离婚时都已分割完毕，事后难以再完全掌握，也很容易使判决落空。面对这种两难境地，《解释》采取了将《婚姻法》第四十六条等法律规定的当事人的有关权利义务，在诉讼通知等形式中明确告知当事人，一是让当事人知道法律的规定，二是让当事人有一个选择的权利，即主张或是放弃。在这个让大家都有可能知道的前提下，再做具体处理。考虑到婚姻案件是一个复合诉讼，情况比较复杂，有必要进行详细规定，故《解释》按无过错方在诉讼中的地位不同做出相关规定。如果无过错方作为原告的，该项请求必须与离婚诉讼同时提出。由于人民法院审理之前已将相关权利义务告知过了，原告不提出请求的，视为其对自己权利的放弃，以后其也丧失了依据第四十六条规定请求赔偿的权利。如果无过错方作为被告的，其不同意离婚，也不基于该条规定提起损害赔偿请求的，可以在离婚后一年内单独提出。如果其在一审时未提而二审时提出的，人民法院应当进行调解，调解不成的，告知当事人可以就此问题在离婚后一年内另行起诉，以充分保护当事人的权利。

问：谢谢您。

附录八

广东省高级人民法院关于审理婚姻案件
若干问题的指导意见

（2001 年 11 月 9 日　粤高法发〔2001〕44 号）

《全国人民代表大会常务委员会关于修改〈中华人民共和国婚姻法〉的决定》已于 2001 年 4 月 28 日公布施行。为正确适应修改后的《中华人民共和国婚姻法》（下称《婚姻法》），审理好婚姻案件，结合审判实践，提出如下指导意见：

一、关于程序问题

1. 无效婚姻当事人或利害关系人向人民法院申请宣告婚姻无效的，人民法院应当受理。

前款所称的"婚姻"是指登记婚姻；前款所称的"利害关系人"是指无效婚姻当事人的配偶、父母、子女、兄弟姐妹、祖父母、外祖父母、孙子女、外孙子女，以及未成年的无效婚姻当事人的其他监护人。

2. 人民法院在审理请求宣告婚姻无效的案件时，申请人为无效婚姻当事人的，可以根据其诉讼请求对同居期间的财产、子女等问题作出判决；申请人为利害关系人的，对无效婚姻当事人同居期间的财产、子女等问题，不予处理，告知其由无效婚姻当事人另行起诉解决。

3. 因重婚导致婚姻无效，人民法院处理无效婚姻当事人同居期间的财产时，应当征求其合法配偶的意见，该配偶可以作为有独立请求权的第三人申请参加诉讼。

4. 当事人向人民法院提起离婚诉讼，经审查具有《婚姻法》第十条规定的无效婚姻情形的，人民法院可以直接宣告婚姻无效，并依照《婚姻法》第十二条的规定，对同居期间的财产、子女等问题作出处理。

5. 当事人以受欺诈、诱骗、包办等为由，向人民法院起诉请求撤销婚姻的，人民法院不予受理。但当事人以上述理由请求离婚的，人民法院应予受理。利害关系人以当事人受胁迫为由请求撤销婚姻的，人民法院不予受理。

6. 在婚姻关系存续期间，当事人以配偶实施家庭暴力或虐待家庭成员为由，向人民法院提起民事诉讼，请求停止侵害的，人民法院不予受理，告知当事人依照《婚姻法》第四十三条规定找有关部门处理。

7. 当事人离婚时，未直接抚养子女的男方或女方未经人民法院的判决书或调解书确定对子女的探望权利，离婚后，该男方或女方向人民法院起诉，请求行使探望权利的，人民法院应予受理。

8. 不直接抚养子女的男方或女方已经人民法院的判决书或调解书确定其对子女的探望权利，其中一方因有《婚姻法》第三十八条第三项规定的事由，需要中止其探望子女权利的，另一方可按照《中华人民共和国民事诉讼法》执行程序的有关规定，申请人民法院裁定中止对方探望子女的权利。

9. 当事人以《婚姻法》第四十六条规定，对与自己配偶重婚、同居的第三者提起民事诉讼或者以自己配偶和第三者为共同被告提起民事诉讼，要求第三者承担损害赔偿责任的，人民法院不予受理。

二、关于结婚问题

10. 没有配偶的男女，未办结婚登记即以夫妻名义同居生活，在《婚姻法》实施后起诉到人民法院请求离婚的，分别以下列不同情况处理：

（1）同居行为发生在1986年3月15日《婚姻登记办法》施行之前的，按照最高人民法院《关于人民法院审理未办结婚登记而以夫妻名义同居生活案件的若干意见》第一条规定处理；

（2）同居行为发生在1986年3月15日《婚姻登记办法》施行之后、1994年2月1日《婚姻登记管理条例》施行之前的，按照最高人民法院《关于人民法院审理未办结婚登记而以夫妻名义同居生活案件的若干意见》第二条规定处理；

（3）同居行为发生在1994年2月1日《婚姻登记管理条例》施行之后的，按照最高人民法院《关于适用新的〈婚姻登记管理条例〉的通知》处理，即"没有配偶的男女，未经结婚登记即以夫妻名义同居生活的，其婚姻关系无效，不受法律保护"。

11. 当事人根据《婚姻法》第八条规定补办了结婚登记的，婚姻关系的效力可以溯及双方具备结婚的法定条件之时，但人民法院不能在判决书主文中责令双方当事人补办结婚登记。

12. 人民法院在审理继承、抚养、监护等案件中，发现没有配偶的男女，未办结婚登记即以夫妻名义同居生活的，对其婚姻关系的认定，应按本意见第 10 条的规定处理。

13. 人民法院依照《婚姻法》第七条规定，在审查当事人是否患有医学上认为不应当结婚的疾病时，应当依照《中华人民共和国母婴保健法》的规定，委托医疗保健机构提出医学意见。

14. 人民法院在审理申请宣告婚姻无效的案件时，对《婚姻法》第十条规定的婚姻无效的情形，如在起诉前已经消除的，应驳回当事人的诉讼请求。

15. 人民法院根据《婚姻法》第十一条规定，审理撤销婚姻的案件时，对符合下列条件的，可以认定为"受胁迫"：

（1）行为人主观上有胁迫的故意；

（2）行为人客观上实施了威胁、暴力、强迫等行为，且该行为是以对受胁迫人本人或其近亲属的生命、健康、自由、名誉、财产等方面造成损害为要挟；

（3）行为人的胁迫行为导致受胁迫一方违背真实意愿而结婚。

16.《婚姻法》第十一条规定："撤销婚姻的请求，应当自结婚登记之日起一年内提出。"这里的"一年"是除斥期间，不存在中止、中断、延长的事由。

三、关于离婚问题

17.《婚姻法》所称的"有配偶者与他人同居"，是指有配偶者与婚外异性共同生活，关系相对稳定，且共同生活的时间达到三个月以上。

18.《婚姻法》第三十二条第三款第（五）项所称的"其他导致夫妻感情破裂的情形"，可参照最高人民法院《关于人民法院审理离婚案件如何认定夫妻感情确已破裂的若干具体意见》的规定，从婚姻基础、婚后感情、离婚原因、有无和好的可能等方面作出判断。

19.《婚姻法》第三十三条所称的"军人一方有重大过错"主要包括下列情形：

（1）重婚或与他人同居的；

（2）实施家庭暴力或虐待、遗弃家庭成员的；

（3）有赌博、吸毒等恶习屡教不改的；

（4）其他严重伤害夫妻感情的情形。

20. 当事人离婚时对行使探望权不能达成一致意见的，人民法院应根据有利于子女身心健康和学习生活的原则，对行使探望权的方式、次数、地点、交接等作出判决。

当事人请求对十周岁以上的未成年子女行使探望权的，人民法院应征求未成年子女的意见，并结合其他实际情况作出判决。

21. 直接抚养子女的男方或女方拒不履行有关探望权的生效判决或调解书，另一方申请强制执行的，人民法院应对不履行义务的一方进行教育，责令其履行义务。经责令后仍不履行义务的，可采取罚款、拘留等强制措施，另一方也可以起诉请求变更抚养关系。

对于子女不接受探望的，人民法院应做好申请人的思想工作，待子女消除顾虑后再执行。禁止对子女的人身进行强制执行。

22.《婚姻法》第三十八条第三款规定的"不利于子女身心健康的"，主要是指不直接抚养子女的一方有下列情形：

（1）患有严重精神病或尚未治愈的烈性传染性疾病的；

（2）对子女实施家庭暴力或虐待子女的；

（3）其他不利于子女身心健康的情形。

23.《婚姻法》第四十二条所称的"生活困难"，是指在离婚时夫妻一方个人的收入和全部的财产不足以维持最近时期的基本生活。主要包括：

（1）一方有残疾或患有重大疾病，完全或大部分丧失劳动能力，又没有其他生活来源；

（2）一方因客观原因失业且收入低于本市城镇居民最低生活保障线；

（3）其他生活特别困难的情形。

"适当帮助"的具体办法，由双方当事人协议；协议不成时，由人民法院根据生活困难一方的实际需要和另一方的经济能力等具体情况判定，帮助的内容既可以是房屋的所有权或使用权等实物形式，也可以是金钱。

24. 夫妻没有书面约定婚姻关系存续期间所得的财产归各自所有（即实行共同财产制），离婚时，一方以抚育子女、照料老人等付出较多义务为由，根据《婚姻法》第四十条的规定要求另一方补偿的，不予支持。

25.《婚姻法》第四十六条规定的"损害赔偿"，包括物质损害赔偿和精神损害赔偿。

精神损害赔偿的认定和处理参照最高人民法院《关于确定民事侵权精神损害赔偿责任若干问题的解释》（法释〔2001〕7号）的相关规定。

四、关于财产处理问题

26. 夫妻一方的婚前财产，双方对其归属问题没有约定，在《婚姻法》

实施后起诉到人民法院的，该财产不因婚姻关系的持续而转化为夫妻共同财产。

27.《婚姻法》第十七条规定的"其他应当归共同所有的财产"，可根据最高人民法院《关于人民法院审理离婚案件处理财产分割问题的若干具体意见》的规定进行认定，但与《婚姻法》第十七、十八条规定有抵触的除外。

28. 夫妻双方对婚姻关系存续期间所得的财产，虽然没有书面约定其归属，但在诉讼中双方认可有口头约定且无争议的，该约定对双方具有约束力。

29. 夫妻双方约定婚姻关系存续期间所得的财产归各自所有，第三人在事前知道该约定而与夫或妻一方发生债权债务关系的，该约定对第三人有效；第三人在事前不知道的，夫妻之间的约定不得对抗第三人。夫或妻以第三人知道夫妻双方约定婚姻关系存续期间所得的财产归各自所有为由，要求以妻或夫一方所有的财产清偿债务的，应当对第三人知道该约定的事实承担举证责任。

30. 在婚姻关系存续期间，一方未经对方同意，擅自资助与其没有抚养义务的亲友所负的债务；一方未经对方同意，独自筹资从事经营活动，其收入确未用于共同生活所负的债务等，应视为个人债务。

个人债务由个人承担清偿责任。

31. 夫妻离婚时，属于夫妻共同财产的生产资料或者私营企业，可分给有经营条件和能力的一方。分得该生产资料或私营企业的一方对另一方应给予相当于该财产或企业一半价值的补偿。

32. 一方以夫妻共同财产与他人合伙经营或者投资成立有限责任公司等企业的，在合伙企业或有限责任公司未经依法清算前，另一方不得请求直接分割企业的财产。

前款所述企业权益的分割应当由双方协商，协商不成的，依照占有企业财产的一方补偿另一方相当于所占财产份额一半价值的原则进行处理：

（1）投资成立合伙企业的，可将夫妻财产份额全部处理给经营一方所有，并由经营一方对另一方折价补偿。也可在其他合伙人一致同意的前提下，由经营一方向另一方直接转让一半的财产份额。

（2）投资成立有限责任公司的，可将夫妻全都股份处理给经营一方所有，并由经营一方对另一方折价补偿。也可以在全体股东过半数同意及受让一方具备公司章程规定的股东条件的前提下，由经营一方向另一方直接转让一半股份。

（3）以夫妻一方的名义投资购买上市公司股票的，人民法院可调解或判决双方各占一半份额。

（4）投资购买未上市的股份有限公司发行的内部股权的，应将全部股权处理给原持股人所有，由原持股人折价补偿给另一方。

33. 人民法院在审理涉港澳的离婚案件时，对一方在港澳的动产和不动产，只要能证明属于夫妻共同财产的，应与内地的夫妻共同财产合并处理。

在对港澳的财产和内地的财产合并处理时，可将港澳的财产分给港澳一方，由其向内地一方作适当的金钱补偿；或者扣减港澳一方在内地财产的应得份额，将内地的财产全部或部分分给内地一方。

如判决子女由内地的一方抚养，可将港澳一方应分得的在内地的财产份额折抵抚育费用，直接处理给内地一方所有。

34. 起诉离婚前，一方隐藏、转移、变卖、毁损夫妻共同财产，或伪造债务企图侵占另一方财产的，人民法院在分割夫妻共同财产时，可参照《婚姻法》第四十七条规定，对该行为人少分或不分。

35. 夫妻离婚后，其中一方当事人根据《婚姻法》第四十七条规定向人民法院提起民事诉讼，请求再次分割夫妻共同财产的，应当在知道或者应当知道权利被侵害之日起二年内主张权利，否则，人民法院对其主张不予支持。

五、关于《婚姻法》的溯及力问题

36. 《婚姻法》修改后正在审理的一、二审婚姻家庭纠纷案件，一律适用修改后的《婚姻法》。

当事人以《婚姻法》为依据，申请对适用修改前的《婚姻法》作出的并已经发生法律效力的民事判决或调解进行再审的，人民法院不予受理。

附录九

广东省高级人民法院关于审理婚姻纠纷案件若干问题的指导意见

（2006 年 11 月 6 日　粤高法发〔2006〕39 号）

为正确审理婚姻家庭纠纷案件，依据《中华人民共和国婚姻法》（以下简称《婚姻法》）以及相关司法解释的规定，结合审判实践，提出如下意见：

1. 婚姻当事人以未亲自到婚姻登记机关办理结婚登记而取得结婚证违反结婚登记的程序为由，请求宣告婚姻无效或者请求撤销婚姻的，人民法院不予受理，告知其向婚姻登记机关申请处理。

2. 人民法院受理离婚诉讼案件后，经审查确属无效婚姻的，应当告知当事人可以变更诉讼请求。当事人不申请宣告婚姻无效的，人民法院可依职权作出宣告婚姻无效的判决。

3. 人民法院受理离婚案件时，应当告知当事人可以就探望子女的权利提出诉讼请求，当事人不提出诉讼请求的，人民法院在离婚判决中不予处理。

4. 离婚案件涉及《中华人民共和国收养法》施行后发生的收养行为的效力的，人民法院可以对被收养的未成年子女的生活照顾问题在判决书中予以处理，但不应对收养行为的效力作出认定，并告知当事人可另行向人民法院请求确认收养的效力或者到民政部门补办手续。

5. 人民法院审理离婚案件中，当事人及利害关系人提出一方当事人患有精神病，并提供有关司法精神病学鉴定结论或医院的诊断、鉴定证明的，人民法院应告知可依法申请宣告该当事人为无行为能力人或限制民事行为能力人。利害关系人坚持不申请宣告，但人民法院经审查属实的，可以直接认定该当事人欠缺诉讼行为能力，并参照《中华人民共和国民法通则》第十七条的规定，通知该当事人配偶以外的监护人作为其法定代理人参与诉讼。

6. 当事人在婚姻关系存续期间为离婚而达成离婚协议或财产分割协议后，一方反悔而不同意办理离婚登记，另一方起诉请求离婚并要求按照离婚协议中关于财产分割的条款或者财产分割协议处理夫妻共同财产问题的，人民法院原则上应予以支持。但协议内容存在下列情形之一的除外：

（1）违反法律、行政法规的强制性规定；

（2）该协议所涉及财产已不存在而客观上不能履行；

（3）订立协议的情势已发生重大变更，履行协议对一方当事人显失公平。

7. 对于夫妻一方在婚姻关系存续期间以个人名义所负的债务，债权人请求按夫妻共同债务处理的，如夫妻一方不能证明该债务已明确约定为个人债务或属于《婚姻法》第十九条第三款规定情形，人民法院应当按夫妻共同债务处理。但审判人员根据案件已知事实和日常生活经验法则，判定同时存在以下情形的，可按个人债务处理：

（1）夫妻双方不存在举债的合意且未共同分享该债务所带来的利益；

（2）该债务不是用于夫妻双方应履行的法定义务或道德义务；

（3）债务形成时，债权人有理由相信该债务不是为债务人的家庭共同利益而设立。

8. 双方对婚前财产的归属没有约定的，该财产不因婚姻关系的存续或因财产存在形态的变化而转化为夫妻共同财产。但在婚姻关系存续期间，一方以个人财产投资取得的收益属于夫妻共同财产。该投资收益包括：

（1）一方用婚前财产投资而成为有限责任公司股东或持有股票、债券、证券投资基金份额等有价证券，在婚姻关系存续期间取得的红利或利息；

（2）一方将婚前财产存入金融机构或出租给他人，在婚姻关系存续期间产生的利息或租金；

（3）一方在婚姻关系存续期间因转让其个人的所有的股份、有价证券等投资性资产而取得的增值部分；

（4）一方用婚前财产在婚姻关系存续期间进行其他生产、经营活动而取得的增值部分。

9. 一方婚前以个人财产购买房屋并按揭贷款，房屋预售合同的买受人为该方且产权证登记在该方名下的，该房屋属于其个人财产。

另一方婚后参与清偿贷款，不改变该房屋为个人财产的性质，但对以夫妻共同财产或另一方个人财产清偿的贷款部分，离婚时取得房屋所有权的一方应对另一方给予合理的补偿。双方就补偿问题达不成协议的，可以参照该房屋的市场价值，按另一方的出资比例（以夫妻共同财产偿还的贷款部分，各占一半出资额）计算一方应支付给另一方的补偿数额。

一方婚前购买的房屋，产权证登记在一方名下，但另一方有证据证明该房屋是在双方认可所购房屋为共同所有的前提下共同出资购买，仅是名义上登记在一方名下的，该房屋应认定为夫妻共同财产。该房屋在离婚时应按夫妻共同财产进行分割，其按揭贷款债务为夫妻共同债务。

10. 一方以自己名义将夫妻共同财产投资于个体经济组织、个人独资企业、合伙企业、有限责任公司，双方在离婚时对上述权益的价值协商不成，另一方又不愿意参与经营的，人民法院可依当事人的申请委托评估机构对投资权益的价值进行评估，取得投资权益的一方应给予另一方相当于投资权益一半价值的补偿。

因企业财务管理混乱、会计账册不全以及企业经营者拒不提供财务信息等原因导致投资权益无法估价的，人民法院可以根据税务、工商机关存档的财务资料来核定其价值，也可以参照当地同行业中经营规模和收入水平相近的企业的营业收入或者利润来核定其价值。

11. 婚姻关系存续期间，夫妻双方各自享有农村集体经济组织股份或者一方享有农村集体经济组织股份的，除双方另有约定外，该股份已产生的收益为夫妻共同财产，离婚时应予以分割。

12. 在诉讼过程中，为确认亲子关系存在与否，双方当事人均同意进行亲子鉴定的，应予准许。一方当事人或成年子女不同意进行亲子鉴定的，人民法院不得强制进行亲子鉴定。

对于婚生子女，夫妻一方无正当理由不同意进行亲子鉴定，但申请亲子鉴定的一方有其他证据证实其与婚生子女的亲子关系确有可能不存在的，人民法院可以推定申请亲子鉴定一方否认亲子关系的主张成立。

对于非婚生子女，一方无正当理由不同意进行亲子鉴定，但申请亲子鉴定的一方有其他证据证明拒绝鉴定一方与非婚生子女确有可能存在亲子关系的，人民法院可以推定申请亲子鉴定一方确认亲子关系的主张成立。

后 记

　　本书得以完成，是广东省各级妇联组织维权工作者共同努力的结果。全省各地级以上市和各县（区、镇、街）妇联主席、分管维权工作的副主席、权益部部长高度重视维权工作，面对人手少、案件多、任务重、处理难的维权工作局面，没有畏难情绪，没有消极无为，而是立足现实奋力前行，每年都会交出一张有关维权案例的亮丽清单。特别是以下市（区）妇联权益部部长：广州市刘晓丽、深圳市余长秀、珠海市陈佩瑜、汕头市黄文莉、佛山市李惠灵、东莞市易健华、中山市巫洁云、江门市陈华、湛江市陈敏斌、韶关市郭惠银、惠州市黎雪环、清远市温志容、肇庆市罗伟容、河源市邓小菲、阳江市豆安玲、梅州市邓玉文、茂名市李蓉、汕尾市林瑶、云浮市曾雪珍、揭阳市郑秀丽、潮州市林琳、顺德区杨淑女等，在一线做好维权工作的同时，为收集、整理和撰写本书案例，付出了大量心血。

　　同时，正是因为有广东省妇联权益部和法律服务中心的陈秋鹏、吉日格勒、王飙尘、王为佳、曾赛岚、谢博淳、刘桂容等各位同事的一起努力，共同协作，本书才得以顺利出版，在此一并表示感谢！

编　者

2017 年 1 月